FC Wacker Innsbruck ...

... wir werden sterben für euch!

Der Protagonist G. wird nach Ausschreitungen während des Europa-pokalspiels VfB Stuttgart gegen FC Tirol als Rädelsführer zu einer 12-monatigen Haftstrafe - zwei davon unbedingt - verurteilt. Im Gefängnis hat er genügend Zeit, um in Tagebucheinträgen sein Leben als Fußballfan aufzuarbeiten.

© 2008 Duke Bruno

Herstellung und Verlag: Books on Demand GmbH, Norderstedt

Das Werk darf – auch auszugsweise – nur mit Genehmigung von Duke Bruno wiederge-
geben werden.

Alle Rechte vorbehalten!

ISBN: 9783837017601

Wenn ihr alle bereit seid, mitzumachen, dann wird dieser ganze Spuk, der über die Menschen gekommen ist, mit einem Schlag zu Ende sein. Meint ihr nicht, dass es sich dafür zu kämpfen lohnt?

Gigi Fremdenführer, in <u>Momo</u>

Warum sitz ich erst jetzt hier? All die Jahre in Europas Stadien hatten sich den großen Leuten doch genug Möglichkeiten geboten mich einzubuchten. Schwupp und weg einfach so. Wen hätte es gekümmert? Ihr groteskes Schauspiel im Gerichtssaal hätten sie schon immer durchziehen können. Auch damals als ich das erste Mal vor Gericht aussagen musste. Herr G. erzählen Sie mal! Was geschah da genau am 27. November 1993 in Salzburg? wollte der Richter wissen. 80 Innsbruck Anhänger waren wir entgegnete ich ihm die sich mit dem Zug zum Auswärtsspiel nach Salzburg machten. Am Bahnhof angekommen wurden wir von der Salzburger Exekutive in Empfang genommen. Sie sollten uns zum Stadion bringen. Ich befand mich an der Spitze des Kordons mit einigen unserer Leute die das Transparent hielten. An der ersten Kreuzung nahm ich hinter mir etwas wahr und deshalb drehte ich mich um das Transparent immer noch in Händen haltend. Da war plötzlich ein Polizist vor mir und starrte mich an und ich starrte ihn an und es herrschte einen Moment Ratlosigkeit bevor es sich der gute Mann doch anders überlegte und mir seinen Gummiknüppel in die Magengegend rammte. Ich stürzte zu Boden ließ ab vom Transparent. Und als ich mich aufraffte war schon der nächste Polizist zur Stelle und setzte zu einem Karatesprung an. Doch den hatte er wohl noch nicht richtig geübt denn er sprang an mir vorbei. Alle Aufmerksamkeit war nun auf mich gelenkt und es kamen immer mehr Polizisten auf mich zu. Zwei davon packten mich bei den Armen und bogen sie mir im klassischen Polizeigriff auf den Rücken. Ohne mich zu wehren ging ich mit den Polizisten mit. Getan hatte ich ja nichts. Nur meine Schultern schmerzten vor allem die linke die ich ja erst operiert hatte. Passt bitte auf meine linke Schulter auf. Ich komme ja mit nur meine Schulter schmerzt schrie ich. Vor mir stand der Einsatzleiter. Die werden wir dir heute schon noch brechen meinte der ganz trocken. Da bekam ich ein ganz mulmiges Gefühl. Die werden doch nicht dachte ich mir und schon war ich in Polizeigewahrsam. In einen Kastenwagen steckten die mich. Und da war auch der F. Tro. Der hat anscheinend ebenfalls die Frechheit besessen und so blöd geschaut wie ich. Aber zu zweit ist man ja nie allein. Und wir folgten den Innsbruckern bis zum Stadion. Im Kastenwagen halt. Dort ging die Türe auf und wir hofften frei zu kommen. Doch die schossen Fotos von uns. Eines vom F. und eines von mir. Und ab ging die Post. Wir fuhren und fuhren und plötzlich waren wir auf der Autobahn. Eigentlich hofften wir auf das Polizeirevier zu kommen. Doch wo bringen die uns hin? Spinnen die? Wir fahren ja schon 20 Minuten. Wie kommen wir da jemals wieder zurück? Und was haben die mit uns vor? Wir hatten ganz schön die Hosen voll. Der Tro war ja erst 15 und ich 18 und so was hatten wir noch nie erlebt. Wir sind ja brave Fans Herr Rat. Plötzlich fuhren wir von der Autobahn ab und wir waren in Grödig weit außerhalb von Salzburg. Wir fuhren durch das Dorf und bogen in ein Waldstück ab. Da lag auch Schnee. Ist da ein Polizeirevier? fragte ich mich. Der Kastenwagen war schon stehen geblieben mitten auf einem Feldweg. Die Türe ging auf. G.! rief einer von denen und zwar der Junge und der Alte riss mich raus aus dem Wagen und ich fiel zu Boden. Da lag ich nun im Schnee und wollte mich aufrichten und fragen was denn das alles soll. Als ich aber seitlich aufblickte legte sich der Ältere die Handschuhe an. Da wurde ich so richtig nervös nein vielmehr machte ich mir in die Hosen vor lauter Angst. Ein ganz ungutes Gefühl war das Herr Rat. Das verhieß nämlich nichts Gutes. Und mit einem gezielten Faustschlag streckte er mich nochmals nieder. Meine Nase war ab. Das Blut floss in Strömen und der Schnee färbte sich rot. Doch der ließ nicht ab und versetzte mir noch zwei Fußtritte mit seinen Armeestiefeln in die Magengegend. Da lag ich nun. Benommen in einer Blutlache. Und der Jüngere von ihnen warnte mich noch: sollten wir dich heute noch im Stadion sehen schlagen wir dich zusammen. Als ob sie das nicht schon getan hätten. Der Tro war noch immer im Kastenwagen. Die Polizisten schlossen die Türen stiegen ein und weg waren sie. Und ich rappelte mich auf zog direkt eine Blutspur hinter mir her. Gott sei Dank nahm mich eine Anhalterin mit bis zur Bushaltestelle. Dort traf ich einen Jäger. Dem erzählte ich diese Geschichte und er riet mir in die Klinik zu gehen und begleitete mich auch dort hin. Der ist mein Zeuge. Der kann meine Angaben bestätigen. Und dann erzählte ich die ganze Geschichte noch einmal den Ärzten. Die wollten mir nicht glauben. Aber ich bestand darauf dass sie das genau so ins Krankenblatt schreiben. Die mussten dann die Polizisten anzeigen. Und den Rest wissen Sie ja selbst Herr Rat. Doch der Rechtsanwalt der beiden Polizisten hatte da so sein Zweifel und stellte Frage um Frage: einmal sagen Sie so und dann wieder so Herr G. Jetzt liegen Sie gar in einer Blutlache! Ja wissen Sie ich erzähl diesen Fall immer gleich doch einmal nimmt sie ein Gerichtsdiener ein anderes Mal ein Gendarm auf. Da muss es ja verschiedene Versionen geben. Der F. hatte einen Fotoapparat. Wieso hat der nicht mehr Fotos geschossen? Na das müssen Sie ihn wohl selber fragen und nicht mich. Waren Sie im Gesicht dreckig als Sie zu Boden fielen? wollte der Sachverständige noch wissen. Na hören Sie mal. Spiegel hatte ich keinen dabei. Was sie auch wissen wollten die großen Leute ich hatte immer einen guten Konter parat. Doch das Duell lautete immer noch zwei junge Fußballfans gegen zwei angesehene Polizisten. So ging die Verhandlung dem Ende zu der Staatsanwalt hielt eine beeindruckende Rede und das Urteil wurde verkündet: schuldig im Sinne der Anklage. Körperverletzung und im Stich lassen eines Verletzten. Das sah schlecht aus für die zwei Polizisten: Degradierung zu einfachen Straßenpolizisten runter im Gehaltsschema und noch dazu mussten sie die Gerichtskosten tragen. Ich war fein raus. Auch das Schmerzensgeld war nicht schlecht. 25.000 Schilling für den Haken auf die Nase. Da würde ich doch des Öfteren was hinhalten und könnte mir dabei noch ein goldenes Näschen verdienen. Doch der für mich positive Verlauf dieser Verhandlung ist einmalig. Die Geschichte würde heute ganz anders ausgehen. So wie die gestrige. Mir würden die gar nicht zuhören. Die Polizisten würden heute freigesprochen werden und ich hätte eine Verleumdungsklage hängen. Strafmaß bis zu drei Jahren. Da hatte ich ja jetzt richtig Glück mit meinen zwei Monaten.

Den Schuldigen bei Fußballausschreitungen zu finden ja das ist wahrlich nichts Leichtes. Da drängt es sich ja direkt auf im Fan den Sündenbock zu suchen. Wie würde ich wohl urteilen wenn ich als Richter all die Fälle die ich in den letzten 15 Jahren erlebt habe entscheiden müsste? Wie zum Beispiel das eine Mal in Metz wo wir zum Europacup mit zwei Bussen hingefahren sind. Schon ein Jahr zuvor waren wir in Frankreich. Genauer gesagt in Straßburg und einige von uns plünderten ein Geschäft in der Innenstadt. Wir waren aber nicht viele und dann verloren wir noch mit 1:6. Na da war dann die Luft heraußen nach dem Spiel. Doch gegen Metz organisierten wir zwei Busse. 90 Innsbruck Fans auf dem Marsch nach Metz. Ja da waren wir voll motiviert und malten uns schon die besten Szenarien für die Fahrt aus. Ein zwei Raststätten werden wir schon ausräumen und im Stadion dann jede Menge Rauch zünden. Und laut müssen wir sein. Wir sind ja dann im Sektor sicher 150 und hoffentlich können wir gegen die Franzosen richtig gut dagegenhalten. Vielleicht sind wir sogar im Fernsehen zu sehen und zu hören. Aber dann kam alles anders ganz anders. Wir bekamen Nachricht von unserem zweiten Bus. Die Wacker-Fans dort waren nicht unter sich. Eine siebenköpfige Security-Crew war mit denen mitgereist und bezahlte nicht. Bitte was? Wir organisieren zwei Busse und sieben Fremde setzen sich rein und bezahlen nicht? Das ist ja das Höchste. Schmeißt die doch raus! Nein so einfach ist das auch nicht das sind nämlich gar keine Fremden. Das sind sieben Leute von uns. Und die können wir gar nicht so leicht rausschmeißen. Hääh das ging jetzt zu schnell! Sieben von unseren Leuten sitzen als Securitys in unserem Bus? Wie kommen denn die dazu? Haben die sich selbst zu Securitys ernannt oder ist die Polizei schon so weit dass sie das in Auftrag geben kann? Nein das ist ja das Komische. Die behaupten dass der Auftrag vom Vereinssekretär P. gekommen ist. Die Securitys werden bezahlt dass sie für Ruhe sorgen und gratis dürfen sie auch im Bus mitfahren und wenn etwas passiert sollen sie filmen und auch dazwischengehen. Eine Welt brach für uns zusammen. Das war ja das Hinterhältigste was wir jemals erlebt hatten. Der eigene Verein lässt sieben Nord-tribünen-Securitys auf die eigenen Fans los um für Ruhe zu sorgen. Die fahren dann noch gratis in unserem Bus filmen uns und wenn es sein muss hauen die uns aus dem Stadion. Fassungslosigkeit wich der Vorfreude. Doch schnell machte sich Wut breit der noch während der Fahrt in blinden Hass umschlug als wir erfuhren dass die Securitys für ihren Einsatz 50.000 Schilling vom Verein erhielten. Mit diesem Geld hätten genau zwei Gratis-Busse für uns Fans zur Verfügung gestellt werden können. Unsere Busbesatzung war blind vor Rage. Wenn wir irgendjemand von unserem Verein in Metz zwischen die Finger bekommen hätten den hätten wir uns geschnappt und gerupft wie ein Hühnchen. Doch Vereinssek-retär P. und Co. blieben natürlich im Hintergrund und ließen sich rund um das Spiel nicht blicken. So blieb uns nur eins. Wir mussten uns so aufführen dass wir den Verein anders strafen konnten. So sagten wir uns jawohl alles Rauchpulver muss raus gleich zu Spielbeginn. Da stellen wir uns ganz eng zusammen und in der Mitte lassen wir ein bisschen Platz wo wir das Pulver zusammenschütten. Und wir haben auch einige bengalische Feuer. Mit denen zünden wir den ganzen Haufen an. Ja so machen wir das. Die Securitys werden uns schon nichts tun immerhin sind sie ja unsere Leute. Als der Anpfiff zum Spiel ertönte ging auch schon die erste Bengalfackel los. Die zweite und dritte wurden gleich darauf gezündet. Auch der Rauch entwickelte sich prächtig und alles zusammen ergab ein schönes Feuer. Der Rauch verteilte sich quer über das Spielfeld so dass der Schiedsrichter das Spiel wieder unterbrechen musste. Ja genau so wollten wir das und wir hüpften wie elektrisiert durch den Auswärtssektor: Hurra hurra die Innsbrucker sind da! Doch unsere Rechnung ging nicht ganz auf. Der Chef der Securitys ein Holländer der erst seit kurzem in Österreich lebte und den wir Chevy-Hans nannten stürzte sich in die Menge und wollte sich Pazzo der den Rauch gezündet hatte schnappen. Nein das geht jetzt wirklich zu weit. Die eigenen Leute gehen auf uns los. Jetzt reicht's wirklich! Ich stürmte die Treppen des Auswärtssektors hinauf mit der Hartplastik-Fahnenstange in der Hand und streckte den Chevy-Hans von hinten voll nieder. Mit einem Cut am Hinterkopf brach er zusammen und blieb liegen. Seine Security-Kollegen schritten nicht ein. Das war auch besser für sie denn wir wären in diesem Moment zu allem bereit gewesen. Der Chevy-Hans musste auch verarztet werden doch die französische Polizei interessierte das herzlich wenig. Immerhin hatten sich doch bloß zwei Österreicher geprügelt. Aber wäre das alles nun bei uns passiert und ich wäre Richter und müsste über diesen Fall entscheiden ja wen hätte ich nun schuldig gesprochen. Mich? Oder den Chevy-Hans der immerhin ein holländischer Hooligan war? Oder doch den Sekretär unseres damaligen Vereins der ja für das ganze Desaster in Metz verantwortlich war.

Tag 3

Ja die Europacupspiele sind immer was ganz Besonderes. Für viele Fans von zig Vereinen stellen sie das Highlight der Saison dar. Für uns enden sie nur zu oft mit den schlimmsten Enttäuschungen in unseren Fanleben. Und dabei jagt eine Enttäuschung die andere. Nach den schrecklichen Erlebnissen in Metz folgte bereits im Jahr darauf ein weiterer Negativhöhepunkt. Im Sommer 1997 gab es eine zweite Auflage des Duells Wacker Innsbruck gegen Celtic Glasgow. Wandelt auf den Spuren eurer Väter forderte die Nordtribüne schon beim Hinspiel. Mit einem 2:1 Heimsieg war der Optimismus ungebrochen. So machte sich eine Abordnung des Fanklubs auf den beschwerlichen Weg nach Glasgow. Beschwerlich deshalb weil es kaum einen leistbaren Flug nach Schottland gab. Doch im letzten Moment sprang unser Verein ein und machte uns ein faires Angebot für den Charter der Mannschaft des Vorstands und der Presse. So durften wir wohl das packendste unglaublichste und absolut nervenaufreibendste Spiel in der jüngeren Europacupgeschichte unseres Vereins miterleben. Kurz vor Schluss war der Aufstieg zum Greifen nahe. Wir lagen nach einem Thriller mit 4:3 hinten und wären aufgrund der Auswärtstorregel aufgestiegen. Doch sieben Tore schienen nicht zu reichen und am Ende schlitterten wir sogar noch in ein 6:3-Debakel. Wir waren stolz auf unser Team. Ein heroischer Kampf war das. Sie hatten gekämpft alles gegeben. Es war schon viel Pech dabei. Und dann noch der Ausfall von unserem Super-Stani mitten in der ersten Hälfte. Ja er hätte nie und nimmer sechs Tore bekommen. So standen wir am Flughafen und warteten auf unsere Mannschaft. Wir erwarteten sie komplett niedergeschlagen wollten sie aufrichten ihnen Kraft geben für die kommenden Aufgaben. Doch die waren alle gut gelaunt. Machten einen Scherz nach dem anderen. Wohl schnell verdaut die Niederlage? Und vor allem so eine. Deshalb machten wir uns vorerst mal keine großen Sorgen mehr um die Moral dieser Truppe. Beim Heimflug aber da waren einige Spieler dann schon zu gut gelaunt. Vor allem der Koli R. und der Kermit K. schienen einen Komplex loswerden zu wollen. Auf jeden Fall versuchten sie mit allen Mitteln unser VK-Girl anzubaggern. Um die Gunst der blonden Maid zu buhlen war ihnen wirklich alles Recht. So prahlten sie mit ihrem Gehalt. Interessant zu wissen dass einer wie der K. schon damals 180.000 Schilling verdient hat. Doch die ganzen Sprüche gingen auf unsere Kosten. Sie soll mal uns anschauen. Wir würden nie und nimmer so viel verdienen. Wenn wir überhaupt eine Arbeit haben. Und so kam eine Peinlichkeit nach der anderen. Und die hörten nicht auf und unterhielten sich noch prächtig. Ja die rechneten sich sogar noch Chancen beim VK-Girl aus. Doch irgendwann war ein Punkt erreicht da will man auch mal seine Ruhe haben da ist genug der dummen Sprüche. Da stand der Armin auf gleich ganz vorn in der ersten Reihe und erhob seine Stimme. Du Koli ich sag's dir ganz direkt. Du bist ein Tiroler und wirst noch länger hier wohnen wollen also für dich ist jetzt Sendepause. Die ganze Besatzung des Fliegers starrte gespannt nach vorne. Was ist denn hier los? dachten sich viele. Und der R. hat wirklich seinen Mund gehalten und kein Wort mehr von sich gegeben. Aber der K. der hatte noch nicht genug. Zu schimpfen fing der an und zeigte auf meinen Bruder den Armin. Er soll sich nicht so aufspielen meinte der und überhaupt er soll gefälligst sein Maul halten weil er ja nur ein Fan sei und auf solche Chaoten könnte er sowieso verzichten. Ja so ist das also. Hat wirklich gesessen diese Meldung. Man opfert Zeit und Geld um seiner Elf überallhin nachreisen zu können erlebt gerade das unglaublichste Spiel der letzten 20 Jahre ist trotz des Ausscheidens guter Dinge und dann hört man solche Worte. Und noch dazu von einem eigenen Spieler.

Tag 4

Und dann kam Stuttgart. Ein Hammerlos. Endlich mal wieder ein deutscher Verein. Einer mit Tradition und einer der sehr nahe liegt. Sportlich hatten wir mit unserer Elf sicher Chancen. Stimmungsmäßig sowieso. Da waren wir richtig heiß und legten uns sofort ins Zeug. Das erste Spiel war ja zu Hause. Da musste eine große Choreografie her. Ein richtiger Kracher. Etwas das es am Tivoli schon lange nicht mehr gegeben hat. Oder mal ganz was Neues. Natürlich ist das eine ganz andere Sache als die Meisterschaft. Man steht im internationalen Rampenlicht und kann Fußball-Österreich anders präsentieren als es sich Resteuropa vorstellt. Zumindest auf Fanebene. Wir wollten die Stuttgarter Anhänger schon allein mit unserer Choreo in den Schatten stellen. Es gab eine Choreografie-Expertensitzung. Stundenlang rauchten die Köpfe bis wir auf einen schwarz-grünen Zweig kamen. Es sollte eine Doppel-choreografie werden. Zuerst schon beim Aufwärmen wird auf den Fangzaun das überdimensionale Hirschgeweihwappen der Stuttgarter aufgezogen. Aber in Stücke gerissen oder besser gehackt. Der Kasimir unser VK-Symbol trennt es mit einem sauberen Hackebeilschlag in der Mitte durch. Das war gut eine richtige Pöbel-Choreografie wie es die Stuttgarter nannten. Da sollten gleich alle wissen was wir von ihnen halten. Und dann als Krönung sollten wir uns noch selbst vorstellen. Damit sie wissen mit wem sie es zu tun haben. Da wollten wir eine riesige Überrollfahne aufziehen. Auf der Nord in der Mitte. Und links und rechts daneben da wird es nur eines geben: Schwarz-Grün unsere Klubfarben. Aber so eine Rieseninszenierung braucht Zeit viel Zeit viel Liebe und auch viele Leute die sie verwirklichen. Und dann musste das ganze Zeug erst bestellt werden. Was wieder eine Woche in Anspruch nahm. So hatten wir echt einen Riesenzeitdruck. Doch die ganzen Materialien kamen rechtzeitig an. Und sofort ging es an die Arbeit. Zehn zwölf Leute waren wir jeden Tag eine Woche lang. Folien ausbreiten schneiden zusammenkleben. Und malen malen malen auf höchstem Niveau. Das Ganze sollte ja perfekt ausschauen. Oft machte uns der Wind einen Strich durch die Rechnung. Zu Mittag war es so heiß dass die Folie schmolz. Es war eine große Herausforderung für den Fanklub aber wir meisterten sie. Und so war alles fix und fertig am Spieltag. Einschließlich uns. Vollkommen übernachtig und extrem nervös erlebten wir die letzten Stunden vor Spielbeginn. Die ersten Fans waren schon Stunden vor dem Kick-off rund ums Stadion. Dann kamen der Sicherheitsdienst und die Exekutive. Jeder machte sich an seine Arbeit und wir gingen noch einmal die Choreografie bis ins kleinste Detail durch. Bis zum letzten Behördenrundgang der Offiziellen. Der Stadionchef der Einsatzleiter der Polizei und die Behördenvertreter von Feuerwehr und Baupolizei machen immer kurz vor Öffnung der Tore eine letzte Stadionrunde. Und sie fragten uns auch wie immer was denn als Choreografie geplant sei. Wir erklärten ihnen unsere ganze Inszenierung. Sie wollten unbedingt das Material testen aus dem unsere Überrollfahne war. Sie zündeten sie an und sie brannte. War ja nicht anders zu erwarten dass Plastik brennt. Kurze Beratung zwei Stunden vor Spielbeginn. Das Ganze ist nicht genehmigt und der Feuerwehr zu gefährlich. Die Choreografie muss abgesagt werden. Bitte was? Wir haben das schon Dutzende Male durchgezogen und es war noch niemand so blöd Plastik anzuzünden und sich selbst zu verbrennen. Da kann ja nie und nimmer etwas schief gehen. Es brennt ja alles Schals Mützen Fahnen. Da müsste man alles verbieten und Rauchverbot einführen. Unsere Argumente zählten nicht die Choreografie war verboten. Zwei Wochen Arbeit für nichts. Alles war umsonst. Damit war auch dieses Spiel gelaufen.

Doch auch diese unzähligen Tiefschläge bringen etwas nicht heraus aus deinem Kopf aus deinem Herzen. Die Liebe zu deinem Verein zu Schwarz-Grün. Sie war weiterhin ungebrochen. Was muss noch alles passieren dass du sagst: jetzt ist Schluss! Ich habe die Schnauze voll und geh da nicht mehr hin. Obwohl du als vernünftiger Mensch schon längst einen Schlussstrich ziehen musst, lässt dein Herz nicht locker. Wie ein Magnet zieht es dich immer wieder zurück ins Stadion. Wie irrational ist diese ganze Geschichte eigentlich? Und so trafen wir uns alle wieder in Stuttgart. Mortimer Armin Riada und Grexi Tappo Fanny Droogie und Beppo. Jeder war dort. Ganz egal wie sie alle heißen. Ich natürlich auch. Das war eine Auswärtsfahrt so ganz nach unserem Geschmack. Der Sonderzug war gerammelt voll und wurde in eine riesige Partyzone verwandelt. Innsbruck hier Innsbruck da. Auch in Stuttgart selbst war jedes Pub jede Bar in schwarz-grünen Händen. Im Stadion staunten wir dann nicht schlecht als 4000 Wacker-Fans die Auswärtskurve belagerten. Innsbruck! Innsbruck! Innsbruck! hallte es durch das riesige und fast leere Oval. Es war ein Heimspiel für uns. Und das in Deutschland. Wir waren alle guter Dinge und wollten unsere Elf so begeistert empfangen wie wir selbst waren. Beim Einlauf der Teams entzündeten wir Dutzende bengalische Feuer. Es brannte im Sektor und wir forderten Spieler mit entflammten Herzen die das Letzte für Schwarz-Grün geben. Alles schien glatt zu laufen. Doch Deutschland ist nicht Österreich. Ordner ist nicht Security Einsatzleiter nicht gleich Einsatzleiter. Ein Stadiontor ging auf zahlreiche Securities stürmten den Sektor und begannen wahllos auf die Leute einzuprügeln. Doch wir wehrten uns und einer von ihnen wurde ausgeknockt. Ich sollte der Rädelsführer dieses ganzen Vorfalls gewesen sein so die eigenen Fanpolizisten. So wurde ich vor Gericht zur Verantwortung gezogen. Urteil: eine Haftstrafe von zwölf Monaten davon zwei Monate unbedingt. Auch die Berufung brachte nichts. Und nun sitz ich hier und hab viel Zeit zum Nachdenken.

Tag 6 bis 9

Kein Eintrag

Tag 10

Mein allererstes Spiel am Tivoli war der Schlager schlechthin: FC Wacker Innsbruck gegen Rapid Wien. Wacker war erst wieder in die 1. Division aufgestiegen und hatte sehr gute Ergebnisse in den ersten Spieltagen. Die Euphorie in ganz Innsbruck war riesengroß. Schon 24 Stunden vor Spielbeginn hing das Schild ausverkauft an den Kassen der Nordtribüne. Ich hatte Glück und konnte noch rechtzeitig zwei Karten ergattern. Mein Bruder Armin und ich sahen dieses Spiel von der Osttribüne aus. Wir waren spät dran und kamen erst kurz vor Spielbeginn in das bereits bumsvolle Stadion. So blieb uns nichts anderes übrig als direkt neben den Rapid-Schlachtenbummlern unseren Platz einzunehmen. Einen eigenen Sektor für Auswärtsfans gab es anno dazumal noch nicht. Die Rapidler stellten sich wie auch alle anderen auswärtigen Fans an der Ecke Nord-Ost zusammen. Einige Ordner standen links und rechts davon. Meine Aufmerksamkeit bei diesem Spiel war fast ausschließlich auf die Rapid-Fans gerichtet. Zwar nahm ich die zwei schönen Tore von Andi S. und Alfred R. wahr aber so richtig fasziniert war ich nur von der grün-weißen Anhängerschar. 150 Leute machten sich auf eine so weite Reise um ihrer Mannschaft zu folgen sie zu unterstützen ihnen den nötigen Rückhalt zu geben. Während die Wacker-Fans nur ab und zu Sprechchöre von sich gaben hatten die Rapidler schon ein umfangreiches Repertoire an Schlachtgesängen und Liedern. Rapid geriet schon früh in Rückstand doch die Fans feuerten ihre Elf unermüdlich an. Schlussendlich waren sie nicht mehr zu halten und feierten frenetisch einen 4:2-Auswärtssieg. Die 17.000 Wackerianer verstummten. Das Tivoli war in grün-weißer Hand und ich war als kleiner Pimpf ziemlich beeindruckt von den singenden und feiernden Schlachtenbummlern von Rapid Wien.

In dieser Saison war ich dann noch einige Male zuschauen. Ab und zu mit meinem Bruder ab und zu mit meinem Vater. Doch in der darauffolgenden Saison überredeten wir unseren Vater ein Abo zu kaufen. Unser Vater war ja selbst ein eingefleischter Wackerianer. Er war in einem Autohaus angestellt und sein Chef der L. war zugleich Präsident des Wacker und verantwortlich für den Erfolg des Vereins in den 70ern. So konnten wir alle Heimspiele besuchen. Eines davon hatten wir gegen SC Eduscho Eisenstadt. Ein kleiner Verein. Eine schwache Mannschaft. Darum waren auch wenige Zuschauer im Stadion. Es war glühend heiß ein Hochsommertag. Vielleicht waren 5000 Zuschauer im Tivoli. Sogar die Besucher auf der Süd saßen. Nur die Nordtribüne stand wie immer hinter ihrer Mannschaft. Doch es war schwer an diesem Tag. Ein katastrophales Match unserer Mannschaft. Hugo H. hatte einen rabenschwarzen Tag. Arnold K. konnte keine Akzente setzen und Don Alfredo R. wollte und wollte nicht treffen. Die letzten Minuten waren angebrochen. Immer noch stand es 0:0. Innsbruck attackierte setzte alles auf eine Karte. Unsere Elf stürmte ungestüm auf das gegnerische Gehäuse. Auch unseren Libero Hugo H. Publikumsliebling und Show-Man konnte hinten nichts mehr halten. Die Nordtribüne gab nochmals Gas forderte vehement das 1:0. Die restlichen Zuschauer im Stadion die zuvor bereits gepfiffen hatten halfen auch und klatschten im Rhythmus der Gesänge von der Nord. Letzte Minute. Eckball. Alle Innsbrucker Spieler waren nach vorn gekommen. Niemand hielt es mehr auf den Sitzen. Die Flanke kam in den Strafraum wurde aber abgewehrt. Ein Eisenstädter bekommt am eigenen Sechzehner den Ball unter Kontrolle. Ein Bilderbuchkonter und Tor. 0:1! 0:1 gegen SC Eduscho Eisenstadt am Tivoli. Kurz nach dem Anstoß beendete der Schiedsrichter das Spiel und die elf Schwarz-Grünen fielen um wie tote Fliegen. Sie waren am Boden. Im wahrsten Sinn des Wortes. Es war als konnte sie nichts mehr aufrichten. Sie schienen gebrochen absolut am Ende. Auch wir Zuschauer waren völlig fertig. Wie konnte das passieren? 0:1 gegen

Eisenstadt! Im eigenen Stadion. Aber die Fans schienen sich schneller erholt zu haben und mit einem Schlag fingen alle gemeinsam an den Namen des Vereins zu skandieren den sie in ihren Herzen hatten. WACKER! WACKER! es schallte von allen Seiten. WACKER! WACKER! WACKER! Süd West Ost und Nord gemeinsam immer wieder: WACKER! WACKER! Und die Spieler die eben noch gebrochen waren richteten sich auf. Ihr Selbstvertrauen war zurück. Dieses Mal hatten sie verloren. Doch sie werden wieder auferstehen sie müssen wieder auferstehen für die Fans für den FC Wacker. Die Fans die werden nämlich immer Wacker-verrückt bleiben. Egal ob in der Stunde des Sieges oder der Niederlage. Damals spürte ich das erste Mal den Wacker-Geist. Es ist einfach nach einem Sieg die eigene Mannschaft in den Himmel zu loben. Doch nach einer Niederlage und dann noch nach einer solchen die doppelt schmerzt da wären eigentlich Pfiffe zu erwarten gewesen. Aber an diesem Tag sah ich dass die Fans eine wichtigere Rolle spielen als nur Geld an der Kasse zu lassen und den Verein finanziell zu unterstützen. Die Fans müssen in schwierigen Momenten zur Mannschaft stehen müssen sie wieder aufrichten anfeuern bis zum Schluss. Wenn man nicht an eine Sache glaubt wird man keinen Erfolg haben. Doch wir glaubten daran wir glaubten an unseren Wacker. Und alle im Stadion fühlten gleich: WACKER! WACKER! hallte es immer noch durch das Tivoli und die Spieler gingen erhobenen Hauptes in die Kabinen. Die Niederlage war vergessen.

Tag 12

Gleich am nächsten Tag dann in der Schule wurde viel über das Spiel des vorigen Abends gesprochen. 0:1 gegen Eisenstadt. Wacker die volle Lachnummer. Alle haben es ja schon immer gewusst: Der Wacker ist am Ende. Mit dieser Mannschaft da wird das nichts mehr. Von der abermaligen Talfahrt in die 2. Division war sogar die Rede. Niemand von den Oberg'scheiten war im Stadion dabei. Nur ich: das wird schon. Ich war gestern am Tivoli. Das kann schon mal passieren. Die Mannschaft ist noch nicht am Ende meinte ich. Und schon kamen die Antworten: was du gehst da noch zuschauen? Du drückst den Pfeifen immer noch die Daumen? Ich würde da nie mehr zuschauen gehen! Selber schuld! Von diesem Zeitpunkt an wusste ich ich bin anders als der Rest der Klasse. Die anderen verstehen mich nicht und ich kann sie nicht verstehen. Am Tag zuvor habe ich gesehen was es bedeutet ein Fan zu sein. Immer hinter seiner Mannschaft zu stehen. Bedingungslos. Irgendwie erfüllte es mich mit Stolz am vorigen Tag dabei gewesen zu sein. Ich war mitten unter den wenigen Getreuen den wahren Wacker-Fans. Seit diesem Spiel weiß ich ich werde immer am Tivoli sein. Egal ob bei Sieg oder bei Niederlage egal ob bei Schönwetter oder bei Regen. An diesem Tag ist mir klar geworden dass ich dazugehöre zur Wacker-Familie. Ich war gerade mal sieben oder acht Jahre alt doch nun war ich einer von ihnen: ein echter Wackerianer.

Tag 13

Doch das war ja immer so bei uns. So was gibt's sonst nirgends zumindest bei den großen Fußballnationen. England Frankreich Italien Deutschland. Da kann man nicht an einem Tag Tottenham Supporter sein und am nächsten Tag nicht mehr weil sie gegen Arsenal verloren haben. In Frankfurt bei der Eintracht haben die in der zweiten Liga einen höheren Zuschauerschnitt als im Jahr zuvor in der Bundesliga. In Modena warteten die Fans geduldig über 20 Jahre um endlich mal wieder in der Serie A spielen zu können. Serie A B oder C die Brigate Gialloblu und all die anderen Fanklubs waren immer an der Seite ihrer Mannschaft ihrer Stadt. Die waren immer da. Spiel für Spiel. Bei uns ist das nicht so. Ja die Schönwetterfans sind bei uns in der Überzahl. Die waren 1989 und 1990 bei den zwei Meistertiteln da verschwanden zehn Jahre lang und kamen 2000 wieder aus ihren Schlupflöchern. Zehn Jahre lang gab es Spott und Hohn für uns. In der Arbeit auf der Uni in der Schule zu Hause bei der Familie. Zehn Jahre wurden wir in Innsbruck belächelt. Achtung! Da kommen die Fußballfans. Diese Deppen werden sich nie ändern. Doch das hat uns nur ein müdes Lächeln gekostet. Für jeden von uns sind einige Dinge klar: Wacker Innsbruck Schwarz-Grün Tivoli unsere Farben und unsere Stadt sind unser Leben. Dafür gehen wir durch dick und dünn. Dafür opfern wir unsere Freizeit unser Taschengeld unsere Wochenenden. Nicht nur in guten Zeiten. Immer. In diesen zehn Jahren haben wir auch immer an unsere Mannschaft geglaubt. Irgendwann da werden wir es wieder schaffen. Und es war auch so. Unter Kurt J. ging's steil bergauf. Plötzlich waren gegen Salzburg nicht mehr 1900 Zuschauer im Stadion sondern wieder 15.000 so wie früher. Und da waren sie auch alle wieder die Nörgler die Spötter all diejenigen die die Mannschaft und uns verflucht hatten. Auf einen Schlag waren sie alle da. Im Stadion. Auf der West auf der Süd ja sogar auf der Nord mitten unter uns mit Schal und Kappe sangen und sprangen sie als wären sie die Fanatischsten. Als wären sie diejenigen die immer dagestanden sind. Und Innsbruck war wieder in aller Munde. Die ganze Stadt ja ganz Tirol sprach über den Erfolg. Auch jetzt hatten es wieder alle gewusst. In der Mannschaft steckte doch was. Und mit dem Kurtl als Trainer ja der hätte schon viel früher kommen sollen. Drei Jahre des Erfolges sind genug. Wir freuen uns schon wieder wenn wir im Mittelfeld rumgurken oder gar mal in die 2. Liga absteigen. Dann können sie sich wieder ihr Maul zerreißen die Nörgler aber wenigstens müssen wir sie nicht mehr ertragen mitten unter uns auf der Nord.

Tag 14

Vor vielen Jahren war der Europacup auch am Tivoli was ganz Besonderes. Vor allem in den 70ern aber die legendären Europacup-Geschichten der glorreichen 70er habe ich nicht miterlebt. Da kenne ich nur ein paar Geschichten. Man hat hier und dort was aufgeschnappt. Auch mein Vater erzählte uns da einiges. 1977 war es und Innsbruck spielte im Meistercup. Die erste Runde war bereits überstanden. Der Schweizer Meister Basel wurde ausgeschaltet. Dann kam das Hammerlos: Celtic Glasgow. Ein großer Tag. Der Fußball auf der Insel war dem des Kontinents überlegen. Doch die Mannschaft hatte Probleme. Nur Vorletzter in der Meisterschaft. Doch Probleme hatte auch der Wacker. Das Heimspiel konnte nicht am Tivoli stattfinden. Beim Europacupspiel gegen Videoton im Jahr zuvor flogen nach einer Schiedsrichterfehlentscheidung zahlreiche Gegenstände aufs Feld. Auch eine Münze war dabei. Sie kam von der Osttribüne und erwischte den Schiri genau im Gesicht. Folge: Platzsperre. Das Rückspiel gegen Celtic musste deshalb in Salzburg ausgetragen werden. In Glasgow hatte unsere Elf knapp 2:1 verloren. Ein ausgezeichnetes Resultat. Wacker hatte das 2:1 erst kurz vor Schluss erhalten war aber spielerisch und kämpferisch dem Gegner ebenbürtig. Alle Wacker-Fans glaubten an den Aufstieg. Auch die Spieler waren zuversichtlich. Das müsste zu schaffen sein doch wir brauchen unbedingt die Unterstützung aller Wacker-Fans war der einhellige Tenor unter den Spielern. Die Unterstützung hatten sie auch. Über 7000 Tiroler machten sich auf den Weg nach Salzburg-Lehen. Die Autobahn war schwarz-grün. Aus allen PKWs wehten Wacker-Schals. Das Stadion war ausverkauft. Zahlreiche Salzburger unterstützten unseren Wacker. Damals wurden erste Kontakte geknüpft. Später sollte daraus die Freundschaft der Tyrolean Dynamites mit dem Salzburger Anhängerklub entstehen. Und alle jubelten an jenem Abend gemeinsam Innsbrucker und Salzburger. Wacker schaffte die Sensation und gewann dieses Europacupspiel glatt mit 3:0. Kurt W. Sepp St. und Franz O. fixierten nach nur 30 Minuten den Endstand. Das Stadion stand Kopf. Augenzeugen zufolge gab es die bis dahin beste Stimmung bei einem Wackerspiel. Augenzeuge im Europacup war ich erst viel später. In meinen frühen Fanjahren konnten wir uns nie für den Europacup qualifizieren. Doch im Spieljahr 86/87 ging es Schlag auf Schlag. Sredets Sofia Standard Lüttich Spartak Moskau und AC Turin wurden ausgeschaltet. Erst im Halbfinale des UEFA-Pokals scheiterten wir an IFK Göteborg.

Das Erreichen des Halbfinales war der größte sportliche Erfolg vom Wacker in der Vereinsgeschichte. Doch der Start in diese Europacupsaison stand eigentlich unter gar keinem guten Stern. Der Gegner in der ersten Runde Sredets Sofia war unattraktiv aber stark. Mit 8000 Zuschauern waren auch nicht so viele aufs Tivoli gekommen. Doch die Stimmung war prickelnd. Wie immer im Europacup. Die Nord war schon eineinhalb Stunden vor Spielbeginn sehr gut besucht. Erste Schlachtgesänge wurden angestimmt. Das Stadion brodelte bereits als die Wacker-Spieler zum Aufwärmen aufs Feld kamen. Die schwarz-grünen Fahnen wurden geschwenkt und Konfettis bahnten sich vom Wind erfasst den Weg durchs Stadion. Hier regiert der SSW! erschallte es von der Nord während die Süd mit einem doppelt so lauten Innsbruck! Innsbruck! den Sprechchor der Nord übertönte. Zu Spielbeginn brannten die ersten Wunderkerzen. Das war die Besonderheit am Europacup. Es war dunkel und alle hatten Wunderkerzen. Im Europacup herrschte auch immer die bessere Stimmung als in der Meisterschaft. Wir standen ganz dicht zusammen. Abendspiele hatten ein ganz besonderes Flair. Die Nordtribüne war schon lange vor Spielbeginn gerammelt voll und wir verspürten ein gewisses Prickeln im Bauch schon den ganzen Tag über. Bei jeder Ballberührung wurde der Gegner gnadenlos ausgepfiffen. 90 Minuten lang. Beim Spiel gegen Sredets war das nicht möglich. Das Match dauerte nämlich nur 32 Minuten. Der Schiedsrichter beendete das Spiel nachdem ein Wolkenbruch das Spielfeld in ein riesengroßes Planschbecken verwandelt hatte. Das war eine Rettung von oben für unseren FC Wacker. Wir waren nämlich chancenlos die Bulgaren viel stärker als erwartet führten uns vor und lagen verdient mit 1:0 voran. Die Vereinsführung reagierte prompt und verkündete freien Eintritt für die Neuaustragung am nächsten Tag. Vielleicht ist mit einem vollen Haus noch besserer Stimmung und etwas Glück ein positives Resultat möglich so dachte man. Die Rechnung ging auf. Wacker spielte am nächsten Tag wie verwandelt. Das Stadion war voll die Stimmung prächtig. Am Ende stand es 3:0 für Schwarz-Grün. Wie damals gegen Celtic. Nur diesmal war ich dabei.

Tag 16

Der Aufstieg war dennoch keine klare Sache. Die Innsbrucker verloren 2:0 in Bulgarien und standen die letzten 15 Minuten enorm unter Druck. Wir erfuhren damals alles aus dem Radio. Fernsehdirektübertragungen gab es zu dieser Zeit noch keine. Noch spannender war das Ganze in der 2. Runde. Nach einem knappen 2:1-Erfolg gegen Standard Lüttich galt es im Retourspiel im Stade de Sclessin genannt die Hölle zu bestehen. Im Lokalradio gab es immer wieder Live-Einschaltungen. Schon nach wenigen Minuten meldete sich Rainer D. mit aufgeregter Stimme: Achtung Achtung! Hier ist Lüttich! 1:0 für den FC Swarovski Tirol! Das wichtige Auswärtstor war gefallen. Die Chancen auf ein Weiterkommen stiegen. Doch die Innsbrucker legten noch eins drauf. Don Alfredo R. und Andi S. waren die Torschützen zum 2:0-Halbzeitstand. Sechs mitgereiste Innsbruck-Fans hatten allen Grund zum Jubeln. Die Sache schien gelaufen. In der zweiten Halbzeit hofften wir eigentlich Rainer D. nicht mehr so oft zu hören. Doch er meldete sich ein ums andere Mal. Und er klang immer besorgter. Standard Lüttich schien den Wacker zu überrollen. Die Innsbrucker kamen in der 2. Halbzeit nur einmal über die Mittellinie. Standard hatte eine Hunderter nach der anderen und war auch erfolgreich. Kurz nach Wiederanpfiff gelang Standard Lüttich das 1:2. Der Ausgleich zum 2:2 ließ nicht lange auf sich warten. Nach dem 3:2 Führungstreffer für die Wallonen schien unsere Mannschaft auseinander zu brechen. Wir waren knapp dran noch in ein Debakel zu laufen. Doch wir hatten Tomislav I. zwischen den Pfosten. Und der hielt noch alles was auf sein Tor kam. Die letzten 10 Minuten war dann D. durchgehend auf Sendung. Mein Bruder und ich wir zitterten mit den blau-weißen FCS-Schals um den Hals vor dem Radio. Die letzten Minuten wollten einfach nicht vergehen. Standard hatte eine tolle Möglichkeit nach der anderen aber sie vergaben oder fanden in Tomislav I. ihren Meister. Nach 93 Minuten kam die Erlösung. Rainer D. vermeldete mit seiner unnachahmbaren Stimme direkt heiser aber hörbar erleichtert: der FC Swarovski Tirol steht in der 3. Runde des UEFA-Pokals. Wir hatten es geschafft!

Tag 17

Mit Spartak Moskau sollte in der nächsten Runde wieder eine Mannschaft aus dem Osten warten. Und wie üblich waren sie ebenso stark und unattraktiv wie das Team aus Sofia. Doch für die Wacker- Fans wäre der Gegner egal gewesen. Immerhin spielte die Mannschaft bereits in der dritten Runde des UEFA-Cups. Wenn ja wenn nur das erste Spiel in Moskau nicht total danebengeht dann wird die Hütte voll sein. Dann werden wieder die Wunderkerzen am Tivoli brennen und die Fans das Stadion in einen Hexenkessel verwandeln. Das Spiel in Moskau auf gefrorenem Boden war eine einseitige Angelegenheit. Moskau extrem stark die Spieler zweikampfstark lauffreudig schnell so lautete das trockene aber treffende Kommentar von Reporter Manfred G. in der Zusammenfassung in FS 1. Doch Tomislav I. war wieder in ausgezeichneter Form und ließ nur einen Elfmeter in der ersten Halbzeit passieren. 1:0 für Moskau keine gute keine schlechte Ausgangsposition. Aber auf jeden Fall ließ sie hoffen. Zwei Wochen später wehte wieder der ganz spezielle Hauch vom Europacup durch das ausverkaufte Tivolistadion. Bereits Stunden vor Spielbeginn war die Nord gestoßen voll. Da war es fast schon unmöglich nur mal hinter die Tribünen auf ein Bier zu gehen. Hinaus wäre man wohl gekommen. Doch der Weg zurück wäre ein Ding der Unmöglichkeit gewesen. Zu eng standen die Fans beieinander. Wahnsinnsatmosphäre herrschte schon vor Spielbeginn. Und sowohl die Innsbrucker Mannschaft die überfallsartig begann als auch deren Fans wollten es gleich nach dem Anpfiff wissen. Ein Angriff folgte dem anderen die Schlachtrufe wollten nicht verstummen. Bei diesem Spiel wusste keiner ob der Funke von der Mannschaft auf die Fans übergesprungen war oder umgekehrt. Es hat einfach alles gepasst. Das Spiel war unheimlich spannend Innsbruck dominierte klar und führte bis kurz vor Schluss mit 2:0. Die Fans waren völlig aus dem Häuschen die Stimmung kam von allen vier Tribünen eine Seltenheit am Tivoli. Die letzten Minuten brannten auf der Süd und auf der Nord wieder die Wunderkerzen und wir sangen im Chor: so ein Tag so wunderschön wie heute so ein Tag der dürfte nie vergehen! Schlusspfiff. Es war vollbracht. Tausende Fans kletterten über die damals noch gartenzaunähnliche Absperrung und liefen zahllose Ehrenrunden mit den Spielern die schließlich auf den Schultern der Fans aus dem Stadion getragen wurden. Doch schon damals erwies sich die UEFA als Spielverderber und brummte dem Wacker eine saftige Geldstrafe wegen des Spielfeldsturms auf. Die großen Leute reagierten prompt und ließen mehrere Zäune aufstellen. Einerseits um die Fans vom Spielfeld fern zu halten andererseits um eine Tribüne von der anderen abzutrennen. Auf der West zum Spiel kommen die erste Halbzeit auf der Nord und die zweite auf der Süd zu verfolgen sollte von nun an der Vergangenheit angehören.

Tag 18

Das war der erste Angriff auf unsere Fankultur. Erstmals wurden wir abgegrenzt. Der Pöbel sollte weg. Die Westtribünler und die ganzen Gschaftla wie wir die VIPs früher nannten sollten nicht mehr gestört werden. Die integrative Komponente des Fußballs ging mit einem Mal verloren. Die Stadionbesucher wurden in Klassen eingeteilt. Der Herr Staatsanwalt der auf der West saß konnte mit einem Mal nicht mehr mit seinem Sprössling auf der Nord in der Pause über das Spiel plaudern. Die sozial stärkeren Sitzplatzbesucher und die stimmungsliebenden aber sozial schwächeren Nordtribünler hatten keine Möglichkeit rund um ein Heimspiel miteinander ins Gespräch zu kommen. Weitere schwere Schläge gegen die Fankultur ließen nicht lange auf sich warten. Repression und Überwachung nahmen im Laufe der Jahre ständig zu. Jeder Fan auf der Nord schien für die großen Leute ein potentieller Gewalttäter zu sein. Verein und Polizei übertrafen sich dabei mit ihren Schikanen. Von den einen wurde ein Sicherheitsnetz hinter dem Tor auf der Nord gezogen. Seitdem verfolgen wir die Heimspiele aus der Fischerperspektive. Die anderen montierten bei jedem Spiel eine Kamera mehr auf dem Podest auf der West. Neben der ORF-Kamera die das Geschehen auf dem Rasen festhalten sollte stand eine Polizeikamera die fix auf die Nord gerichtet war. Die totale Überwachung folgte dann im neuen Stadion. Aus einer Kamera wurden zwölf. Ein Großteil davon beschäftigt sich ausschließlich mit der Nordtribüne. Ein Dutzend großer Leute kann so bei jedem Heimspiel ungestraft Zuschauer einzeln beim Nasenbohren Mitzittern Singen Bier trinken oder Zigaretten rauchen bespitzeln. Das Ganze wird natürlich auch noch auf Kassette aufgenommen. Man weiß ja nie vielleicht war die Zigarette doch ein Joint und die abwertende Handbewegung eine Beteiligung am Raufhandel. Dabei ist die Überwachung aller Zuschauer bei ihrem Freizeitvergnügen eine heikle Sache. Ist diese Art der Überwachung rechtens? Sind die Grundrechte eines freien Bürgers im Europa des 21. Jahrhunderts noch gewahrt?

Tag 19

1987 waren die totale Überwachung und Repression noch keine Schlagworte. Ja nicht einmal der Begriff Fankultur war ein Thema. Doch im März 1987 durfte ich in Torino das erste Mal miterleben was Fankultur ist. Auch wenn ich das erst viel viel später begreifen würde. Ich wollte unbedingt beim ersten Spiel des UEFA-Cup-Viertelfinales in Torino mit dabei sein. Ich musste unbedingt meinen Vater überreden mit mir dort hinzufahren. Meine Mutter war da nämlich strikt dagegen. Doch ich hatte ein Ass im Ärmel. Ich wünschte mir diese Auswärtsfahrt zum 13. Geburtstag. Dies und nichts anderes. Diesen Wunsch konnten sie mir einfach nicht ausschlagen. Ich kann mich noch ganz genau erinnern wie mich mein Vater einige Zeit zappeln ließ. Doch am Abend vor dem Spiel flüsterte mir mein Vater ganz still und leise ins Ohr dass wir doch fahren würden. Und zwar zusammen mit meinem Bruder und unserem Freund Mortimer. Wir sollten mit dem roten Mercedes meines Vaters fahren. Sag ja nichts der Mami meinte er ganz zum Schluss. Und am nächsten Tag in der Früh machte ich mich ganz normal für die Schule fertig. Frühstücken Zähne putzen Jause einpacken Schultasche auf den Rücken und ein flüchtiges Ciao zu Mama das mich fast verraten hätte. Doch anstatt mich in die Schule zu bringen fuhr mein Vater zum Bahnhof. Dort holten wir noch schnell den Mortimer ab. Ich war total nervös. Nicht erst im Stadion wie üblich. Nein schon die ganze Nacht zuvor. Es sollte mein erstes Auswärtsspiel überhaupt werden. Und dann gleich ein Europacupspiel gegen eine italienische Spitzenmannschaft. Ich konnte nicht richtig schlafen. Und die meiste Zeit im Auto sagte ich kein Wort. Ich hörte auch nicht auf die alten G'schichterln meines Vaters. Schon vor dem Brenner fiel ihm eine Anekdote aus seiner Zeit beim Präsidenten L. ein. Er kannte ja früher auch alle Spieler und alle Marotten seines Chefs. Mein Vater musste die gesamte Geschichte des Vereins erzählt haben denn in Mailand war es immer noch ausschließlich er der redete. Zwei drei Mal hatte mein Vater Mortimer etwas gefragt. Und der dürfte auch sehr nervös gewesen sein so knapp wie die Antworten ausgefallen waren. Mein Bruder und er waren schon von Weitem als Wacker-Fans zu erkennen. Armin hatte sogar einen Schal um den Kopf gebunden den ließ er sogar im Auto oben. Mortimer hatte eine blau-weiße Swarovski-Dress unter seine Kutte und auch ein Swarovski-Fischerkapperl. Doch das hatte er im Mercedes nicht auf. Sobald wir aber bei einer Raststätte in Italien stehen geblieben waren musste der Fischerhut natürlich rauf. Man musste ja sehen können was für Fans im Anmarsch waren. Ich war zwar noch jung aber mir gefielen diese Matchkutten nie so richtig. Ich hatte auch nur einen Schal bei mir und den hängte ich mir um den Hals. Nach schier endlosen Stunden auf der Autobahn erreichten wir endlich Torino. Und schon bei der Autobahnausfahrt tat sich mir eine völlig neue Fußballwelt auf. Gleich nach den Mauthäuschen standen unzählige Carabinieri die jedes Auto und jeden Bus mit österreichischem Kennzeichen auf die Seite winkten. Als wir stehen blieben und der Carabiniere uns mit Handzeichen zum Aussteigen aufforderte rutschte mir das Herz in die Hose. Was wollen die von uns? Sind wir jetzt verhaftet? Werden wir das Spiel verpassen? Gedanke um Gedanke schoss mir durch den Kopf und wie ferngesteuert riss ich sofort meine Hände in die Höhe. Wie ein Bankräuber der auf frischer Tat ertappt wird. Der Carabiniere konnte sich einen Grinser nicht verkneifen. Er musterte uns nur kurz und sagte nur so etwas wie: andate! Via! seiner abwertenden Handbewegung nach zu schließen. Schon zwei Stunden vor Spielbeginn quellte die Fankurve vom AC Torino über. Am Zaun vor der Kurve waren mehrere Transparente festgemacht. Ich erinnere mich noch an zwei: Ultras Granata und Granata Korps. Dahinter standen mehrere 100 Mann starke Fangruppen. Am Zaun waren mindestens 20 Trommeln befestigt die die Lieder und Gesänge der Ultras von Torino begleiten sollten. Ein Fan stand mit Megafon auf einem Podest vor der Kurve. Er gab den Ton an und bestimmte was gesungen wurde. Zuerst stimmte die ganze Kurve in die Gesänge mit ein oft folgte das ganze Stadion. Egal ob der Mann hüpfte die Arme emporstreckte oder einfach nur vorschrie. Die Kurve machte was er wollte. Und zwar alle ausnahmslos. Vor Spielbeginn schwenkten die Ultras kleine und große Fahnen in der Kurve. Zehn Minuten vor Spielbeginn war mit einem Schlag keine Fahne mehr zu sehen. Es ertönten auch keine Lieder aus der Kurve mehr. Erstmals konnten wir uns aus unserem Sektor bemerkbar machen: Innsbruck! Innsbruck! was mit einem gellenden Pfeifkonzert übertönt wurde. Meine Blicke waren aber nur auf die Kurve von Torino gerichtet. Das war die Ruhe vor dem Sturm. Irgendwas musste sich da drüben abspielen. Die ganze Kurve stand still. Das Uhrwerk schien stehen geblieben zu sein. Nur der Fan mit dem Megafon zappelte wie wild herum und ganz langsam kam auch wieder Bewegung in die Kurve. Ich konnte nicht genau erkennen was da drüben vor sich ging. Erst beim Einlaufen der Mannschaften wurde mir bewusst dass die Fans von Torino ein Spektakel auf der Tribüne vorbereitet hatten. Jeder Einzelne musste einen Sack voller Papierschnipsel und Konfetti zur Verfügung gehabt haben. Die Kurve selbst war von einem Moment auf den anderen nicht mehr zu sehen. Alles war weiß. Ein wahrer Konfettiregen prasselte auf das Spielfeld herab. Und auch der Trommelwirbel setzte wieder ein. Die Ultras begannen ihre Hymne zu singen. Ein ewig langes melodisches Lied. Eine Strophe folgte der anderen. Und so ging es weiter das ganze Spiel durch. Das Einzige was wir und wir waren mit 2000 Wacker-Fans nicht wenige dem entgegensetzen konnten war unser Innsbruck! Innsbruck! und in brenzligen Situationen kämpfen Innsbruck kämpfen! War das Duell auf dem Rasen ziemlich ausgeglichen wir unterlagen nur 1:0 gab es auf den Rängen einen Riesenunterschied. Das war Profiliga gegen 1. Klasse Mitte. Perfekte Inszenierung und Selbstdarstellung gegen totales Chaos. Organisierte Fangruppen gegen einzelne Schlachtenbummler. Dieser Tag hat mein Fanleben entscheidend beeinflusst. Ich war so überwältigt von der Macht einer Kurve von dem Zusammenhalt von der Organisation von dem Spektakel der Ultras von ihren Liedern ihren Transparenten und vor allem von dem Fan mit dem Megafon in der Hand. So wollte ich auch einmal sein.

Tag 20

Das waren die Zeiten des FC Swarovski. Kein Wacker mehr kein Innsbruck mehr. Nur mehr FCS. Nicht einmal Schwarz-Grün haben sie uns gelassen. Ein neues Image wollten sie aufbauen. Der L. und seine Gehilfen vom Swarovski. Ein sauberes Image. Blau-weiß waren ab nun die Modefarben. Helle freundliche Farben so wie die Swarovski-Kristalle. Keine dunklen dreckigen Farben mehr. Schwarz und Grün? Das kommt ja gar nicht gut an. Bei den Medien. Bei den Sponsoren. Im Ausland. Schwarz-Grün? Welcher Verein ist denn sonst noch schwarz-grün in Europa. Na da gibt's wahrlich nicht viele. Kann ja also nichts werden aus Schwarz-Grün. Blau-weiß das ist eine schöne Farbkombination. Die gibt es oft. So dachten die großen Leute. Wir Fans waren da anderer Meinung. Für uns sind Schwarz und Grün mehr als nur zwei dreckige Farben. Und austauschbar waren die für uns sowieso nie. Für mich und Droogie bedeuteten der Wacker und Schwarz-Grün sowieso viel mehr. Wir spielten selbst beim Wacker. Bei den Kleinen. Acht Jahre hatte ich die Wacker-Dress getragen. Acht Jahre lang war ich glücklich und stolz Woche für Woche in die schwarz-grün gestreifte Dress schlüpfen zu dürfen. Für mich gab es nur 100 Prozent! Egal ob gegen den ISK oder Veldidena gegen Kufstein oder Lechaschau. Nicht vielen wird diese Ehre zuteil. Doch ich war Spieler des FC Wacker Innsbruck. Zwei Saisons war ich sogar Kapitän des schwarz-grünen Ensembles. Der Droogie und ich wir haben uns immer den Arsch aufgerissen für den Wacker. Sei es am Spielfeld als auch auf den Tribünen. Der L. hatte noch weitere fantastische Ideen dem FCS zu einem guten Image zu verhelfen. Der wollte ein Tennispublikum. Am liebsten wären ihm alles VIPs gewesen. Die zahlen alle brav und sitzen. Ja kein Theater so wie wir es auf der Nord hatten. Oje nur nicht so was. Das schadet ja dem Fußball. So dachten sie die großen Leute. Und dabei wissen sie eigentlich gar nicht was sie tun. Unsere Fanszene zerstören. Das hätte ihnen gefallen. Dabei wusste der doch gar nicht was so eine lebendige Fanszene für einen Verein bedeutet. Er war ein Vorreiter in Österreich. Seine Ideen stammen aus dem Jahre 1986. Damals war alles anders am Tivoli. Da gab es noch die alten Holzbänke auf der West so wie am W1 gleich daneben. Der Zuschauer kaufte sich eine Karte und hatte völlige Bewegungsfreiheit. Von der Süd auf die Nord und umgekehrt in nur 90 Minuten. So passierte es früher des Öfteren. Eine Halbzeit war die Nord voll und die zweite die Süd. Je nachdem auf welches Tor der Wacker gerade spielte. Wie damals auch bei einem Abendspiel Ende der 80er. Mit Vorwärts Steyr war ein völlig harmloser Gegner zu Gast. Eine gewichtige Rolle bei dieser Begegnung spielte ein gewisser Herr Sch. Eine Zeit lang versuchte er sein Glück als Schiedsrichter. Er ging aber als Skandalschiedsrichter in die Chroniken ein. Die erste Hälfte verlief recht einseitig. Wir führten schnell. Dann war Pause. In der zweiten Halbzeit änderte sich alles schlagartig. Ein Fehlpfiff nach dem anderen. Rot gegen uns. Elfer für Steyr. Ein Pfeifkonzert und Schiebungsrufe hallten durch die Nacht. Wir waren alle geladen. Auf 180 Grad. Wir

packten all unsere Utensilien: Fahnen Trommeln und eilten
während der zweiten Halbzeit auf die Süd. Wir verlegten die
legendäre Nord auf die andere Seite des Stadions. Doch uns
hielt es nicht auf den Plätzen. Steyr glich aus 2:2. Wir stürm-
ten auf den Zaun. Versuchten ihn einzureißen. Alle möglichen
Gegenstände flogen auf das Spielfeld. Von allen Seiten Nord
Süd West Ost. Es waren wenige Zuschauer am Tivoli aber es
herrschte eine bedrohliche Stimmung. Wir wollten unsere
Mannschaft zum Sieg peitschen. Doch es gelang uns nicht.
Vorwärts Steyr schoss das 3:2. Ein irregulärer Treffer! Klares
Abseits jeder hatte es gesehen nur der Schiedsrichter nicht.
Nun waren alle Dämme gebrochen die Volksseele kochte. 50
Fans saßen mittlerweile am Zaun und wollten das Spielfeld
stürmen. Auch die verbliebenen Fans auf der Nord zuckten
aus. Da waren schon einige am Spielfeldrand. Schlusspfiff!
Der Schiri und die Steyr-Spieler waren weg wie nix. 100
Leute machten sich auf die Jagd nach ihnen. Die Ordner grif-
fen nicht ein. Doch unsere Spieler versuchten uns zu beruhigen. Es gelang ihnen auch und es war besser so. Die Fans
waren nämlich schon durchgedreht. Wir hätten eh nichts mehr
ändern können. Strafe gab es von der Bundesliga keine für
diesen Vorfall. Die vermerkten nur die Fehlpfiffe des
Schiedsrichters Sch. Und er verschwand bald von der Bildflä-
che. So ging es früher ab. Das war normal. Das war an der
Tagesordnung. Das war Fußball. Keiner von uns wurde für
den Feldsturm bestraft. Nicht einmal einer wurde aufge-
schrieben. Was soll's auch? Ist ja nichts passiert. Heute will
ich gar nicht an so eine Aktion denken. Was gäbe es wohl für
Strafen für den Verein. 30.000 Euro und Platzsperre? Und ich
wär wohl nicht mehr so ganz allein hier im Häf'n.

Tag 21

In den Swarovski-Zeiten waren wir ja schon als beste Fans
Österreichs bekannt. Doch das lag an den in Österreich einzi-
gartigen Zuschauerzahlen und an der gesamten Atmosphäre
im Stadion. Während in Salzburg schon die bengalischen
Feuer brannten und die Ultras Rapid bereits die ersten Cho-

reografien ins Stadion zauberten ging's bei uns in dieser Hinsicht etwas ruhiger zu. Ein paar kleine und zwei große blauweiße Schwenkfahnen eine Überrollfahne und das berühmte Hämmerchen das die Trommel ersetzte. Das Hämmerchen wurde hinten an der Blechwand eingesetzt und gab nicht nur beim Sieg und Ole den Ton an. Am Liedgut wurde gearbeitet. Alles musste umgedichtet werden. Das legendäre Wacker geschrieen vom ganzen Stadion wird es so wie früher sowieso nie mehr geben. Ein Grabstein wurde jahrelang nicht mehr gesungen. Als Erstes wurde eine Trommel angeschafft. So eine kleine die man in einer Hand halten konnte. Dann gab es ein zwei Mal kleine Rauchfackeln. Aber bengalische Feuer mussten her. Wir wussten aber nicht woher. Aber wir kannten das bengalische Pulver. Das gab es in der Kohlenhandelsgesellschaft. Die hatten ja so allerhand Pyromaterial. Da bekamen wir später auch die Rauchbomben her. Blau und weiß in den neuen Vereinsfarben also. Das bengalische Pulver war gut und recht aber am Boden konnten wir's ja nicht hinschütten und eine Stichflamme erzeugen. Da mussten wir etwas kreativer sein und übten schon fleißig im eigenen Garten. Schnell wurden Metalltabletts umfunktioniert Alufolie aufgelegt zwei Hände voll Pulver drauf mit der Zündschnur angezündet und im Handumdrehen gab's eine feine Flamme. Die Größe je nach Menge des Pulvers. Nur war's mit der Handhabung nicht ganz so einfach also hieß es üben. Pannen wollten wir nämlich keine haben im Stadion. An das erste Spiel in dem wir bengalisches Pulver gezündet haben kann ich mich nicht erinnern an die Folgen schon. Droogie mein Bruder und ich waren die drei Zündler doch die Ordner schienen ein spezielles Auge auf mich geworfen zu haben. Sie nahmen mich glatt mit zum Stadionchef dem R. Ein alter gestrenger Mann. Dort musste ich dann vorsprechen mich rechtfertigen und mich schämen. Das wollte er zumindest. Geschichten hat er mir erzählt von Strafen der Bundesliga und so. Doch wir drehten den Spieß um. Überzeugten ihn von der Notwendigkeit südländischer Begeisterung am Tivoli und nach und nach konnten wir zündeln wie die Atalanta-Fans in ihren besten Zeiten. Der Verein zeigte sich anfangs sehr interessiert und entgegenkommend wenn es um unsere Ideen ging. Für die erste Fahnenchoreografie gab es sogar 15.000,- Schilling vom Vereinsmanager dem Werner S. Auch mit den Zetteln die uns ab und zu zur Verfügung gestellt wurden und den Luftballons gab es nie Probleme. Nur mit dem Rauch wurde niemand warm. Das war ihnen zu heiß und stank ihnen zu viel. Doch für uns gab es nur ein Motto: ohne Rauch geht's nicht! Und so zündelten wir farbenfroh drauflos. Danach gab es zwar Schelte von den erstickenden Fans auf der Nord und den Vereinsbossen aber wenn erst die Aktion vorbei und nichts passiert war dann hat es ja doch jedem getaugt.

Tag 22

Wir waren in dieser Zeit hin- und hergerissen. Unter dem Namen Tyrolean Dynamites traten die Alten auf. Nur sie durften offiziell so heißen. Etwa 15-20 waren es. Es gab noch einen Fanklub in Kundl. Doch die waren nicht immer da. Sonst gab es keine Gruppen. Wir waren sowohl im Stadion als auch außerhalb ziemlich unorganisiert. Wir kannten noch nicht viele Fans auf der Nord Choreografien hatten wir ja auch noch keine gemacht. Eine Fahne hier eine Rauchbombe dort. Das war's dann schon. Nach dem Spiel da gingen wir zumindest immer schauen. Auf die Süd zum Bahnhof. Wer waren die anderen Fans in Österreich? Was waren das für Leute? Wie waren die drauf? Was für Gruppen hatten sie? Probleme gab's nur gegen gewisse Vereine. Gegen Rapid da gingen wir oft schauen. Die waren alle zehn Jahre älter als wir. Da gab's nichts zu Holen. Gegen Salzburg lief's einmal so einmal so. Den Austrianern und Linzern konnten wir an guten Tagen Paroli bieten. In dieser Zeit hieß es also alles mal ausprobieren. Wir erkannten aber relativ rasch dass wir es im Stadion besser drauf hatten. Wir konnten einfach besser organisieren singen und Choreografien ins Stadion zaubern. Die dritte Halbzeit die gab es zumindest in Innsbruck und abgesehen vom Derby nicht lange.

Vier Wochen sind's nun dass ich hier bin. Ich kann dieses Loch nicht mehr sehen. Ich kann den Fraß hier nicht mehr riechen. Ich kann das Nazigetue der Wärter nicht mehr ertragen. Das macht mich krank. 23 Stunden lang warten auf eine Stunde Ausgang. Wenigstens haben wir da unsere Freiheiten. Diejenigen die eine kurze Zeit abzusitzen haben so wie ich dürfen sich auch sportlich betätigen. Oft spielen wir Fußball. Manchmal möchte ich diese eine Stunde allein sein. Ganz allein. Keinen sehen keinen hören. 23 Stunden am Tag mit fünf anderen auf engstem Raum das ist hart. Immer öfter kann ich deren blödes Gequatsche nicht mehr hören. Da schalte ich ab. Da schnapp ich mir ein Buch lass sie reden. Gerade eben war es so. Ich war total leer. Nichts schien mehr in mir zu sein. Ich sah nur meine Hülle. Aber innen drinnen gähnende Leere. Mein Kopf war leer mein Magen alles. Ich wollte an nichts mehr denken nicht an Fußball an gar nichts. Ich wollte nicht aufstehen mit den anderen zocken. Ich wollte mich nicht mal bewegen. Ich wollte weg von hier weg von diesem Ort weg von dieser Welt. Aber auch dafür wäre ich zu schwach gewesen. Ich starrte an die Decke an die weiße Decke. Ich lag oben im Stockbett. Ich wollte immer obenauf sein mein ganzes Leben lang. Ich starrte an die weiße Decke. Nichts absolut nichts leer und weiß. Ich konnte hindurchsehen und auch dahinter war nichts. Da fielen mir folgende Worte ein. Die kamen wie aus heiterem Himmel oder aus leeren Decken. Die mussten ganz tief in meinem Unterbewusstsein gesteckt haben. Eine lange lange Zeit. Nie zuvor hatte ich mich an diese Worte erinnert: man stellte uns nur in das vollkommene Nichts denn bekanntlich erzeugt kein Ding auf Erden einen solchen Druck auf die menschliche Seele wie das Nichts. Rings um mein Ich und selbst an meinem eigenen Körper war das vollkommene Nichts konstruiert. Die Schachnovelle ein Buch das ich vor langer Zeit gelesen hatte. Damals in der Schule. Wie muss es wohl sein wenn man eingesperrt ist. Zwei Monate so wie ich umringt vom Nichts. Ohne Freigänge. Allein in der Zelle oder viel mehr in einem leeren Raum. Alles weiß. Ein Stuhl ein Tisch ein Bett. Sonst nichts. Wie wäre es wohl hier wenn man uns die Spielkarten wegnähme und die Bücher die Uhren die Fotos die Posters und Schals auf den Wänden. Meine Gedanken kehrten zurück. Ich stand nicht mehr in einem leeren Raum. Es herrschte das blühende Leben. Gertschi Dani und Dirk stritten sich zankten sich. Es waren viele Farben hier. All die Poster. Wir wussten wie spät es war. Und dass wir noch zweieinhalb Stunden bis zu unserer täglichen Runde hatten. Da konnte ich mir ein Grinsen nicht verkneifen. Ein Buch mit dem ich nicht recht wusste was anfangen. Damals in der 7. Klasse. Das gab mir Kraft. Ich muss dieses Buch haben. Ich muss mir diese Zeilen noch einmal genau durchlesen. Auswendig lernen verinnerlichen. Hier in zwei Monaten kannst du nicht verrückt werden sagte ich mir. Ich muss nur ruhig bleiben das Beste draus machen. Die Zeit vergeht von allein. Wir haben unsere Möglichkeiten hier. Die Spielkarten die Bücher meinen Bleistift und ein Stück Papier. Das können sie mir nicht nehmen. Und meine Gedanken schon gar nicht.

Tag 24 bis 27

Kein Eintrag

Tag 28

Heute Nacht hatte ich einen Traum. Alles war verschwommen und irreal. Ich konnte die Gesichter der Menschen um mich nicht erkennen aber ich wusste wir sind am Tivoli. Wir spielten gegen Salzburg. Ich sah's nicht klar aber ich sah Violett. Und die Südtribüne war auch violett. Wie damals 1997 als die Salzburger ihren Titel bei uns in Innsbruck gefeiert hatten. Doch wir waren nicht viel und die Nord war nicht die wirkliche Nord. Sie schien viel kleiner. Wir waren ein kleines Grüppchen. 30 Hansln vielleicht. Doch wir machten gute Stimmung. Wir hatten Trommeln die kleinen auf denen man Samba spielt und es fingen alle an zu tanzen.

Unser Sektor wurde mit einem Mal lebendig farbenfroh. Rot Grün und Gelb herrschten vor. Auch unsere verstümmelte Tribüne fing an zu schwappen. Wie Wasser. Es waren Wellen und wir tanzten darauf im Sonnenschein. Sambarhythmen begleiteten uns. Die Gesichter konnte ich immer noch nicht erkennen aber alle hatten lange Haare. Glatt lockig blond braun schwarz Rastas. Die Frisuren sah ich ganz klar und scharf die Farben auch. Sonst waren alle Linien verschwommen. Es gab keine klaren Grenzen. Doch plötzlich blieb alles rund um uns stehen. Wir tanzten wie in Ekstase im Zentrum des Lichts. Bewegt wurden wir durch die Energie der Sonnenstrahlen. Die Spieler die anderen Zuschauer die Salzburger richteten ihre Blicke auf uns und erstarrten. Wir bewegten unsere Körper weiter im Rhythmus der Sambamusik. Mit einem Schlag waren die Salzburger in unserem entstellten und wogenden Sektor. Violett war bei uns und diese Farbe hatte zuvor gefehlt. Auch sie begannen sich zu bewegen. Sie tanzten im Rhythmus unserer Sambatrommeln. Ein Schrei: die Salzburger! Auf einmal sah ich klar. Alle waren da. All meine Freunde und ich und wir konnten ihre Gesichter sehen. Hasserfüllt! Die Salzburger auf unserer Tribüne. Auf der Nord. In unserem Territorium. Die Salzburger erstarrten einen Moment. Doch nun waren auch sie bereit. Bereit zum Kampf. Dann war das Bild weg. Der Traum vorbei. Ich erwachte. 3.27 Uhr! Die anderen schliefen. Gertschi der wegen Drogen hier war schnarchte. Ich konnte nicht mehr schlafen. Meine Gedanken kreisten um die Salzburger. Unsere Erzfeinde. Unser Derby. Die wichtigsten Spiele im Jahr. Aber das waren sie nicht immer. Eine Beziehung zwischen den Innsbruckern und den Salzburgern wurde schon in den 70ern aufgebaut. Es war 1977 als wir das Europacuprückspiel gegen Celtic Glasgow in Salzburg austragen mussten. Das Spiel war ausverkauft. 7000 Innsbrucker zusammen mit 7000 Salzburgern so sagt man. Doch auch die Salzburger waren auf unserer Seite. Gemeinsam feierte man den historischen 3:0-Erfolg. Später kamen einige Salzburger noch oft zu den Europacupspielen nach Innsbruck. Egal ob in den 70ern oder in den 80ern. So lernten sich die Alten kennen. Sie respektierten sich und langsam wurde eine Freundschaft daraus. Innsbruck und Salzburg. Die Westfront. Gemeinsam gegen den Rest der Liga. Vor allem gegen Wien. Bis zum Aufstieg der Salzburger 89 in die 1. Division klappte die Freundschaft wunderbar. Die Alten von uns wie Mortimer oder Armin waren oft in Lehen. Die Salzburger einige Male bei uns. Was wir in der ersten Division waren mit höchstem Zuschauerschnitt und der legendären Nordtribüne war Salzburg in der 2. Division. Absolut bundesligatauglich. Hervorragende Fans. Sie waren die Ersten mit Riesenschwenkfahnen und bengalischen Feuern in Österreich. Ihre alte Stehplatztribüne war ein Wahnsinn. Im Jahr als sie Hans K. in die 1. Division bombte hatten sie zweifellos die beste Fankurve Österreichs. Wir waren froh endlich Fans wie Salzburg in derselben Liga zu haben. Endlich viele Auswärtsfans in Innsbruck. Endlich eine g'scheite Auswärtsfahrt. Und öfter sehen konnten wir uns auch. Zumindest die die sich kannten. Es war in diesen Jahren 89 und 90 als die Freundschaft sogar so weit ging dass die Salzburger für uns die bengalischen Feuer besorgten. Am Freitag raste der Armin mit seiner Maschine nach Salzburg sah sich ein Spiel an traf sich mit seinen Kollegen und kam mit den bengalischen Feuern zurück. Am Samstag fackelten wir sie gegen Rapid ab. So lief das damals. Einmal stand das Derby an. Das Spiel war am Tivoli. 12.000 Zuschauer. Die Nordtribüne und die 2000 Salzburg Supporter sorgten für eine entsprechende Kulisse wie der Bergkamerad G. zu sagen pflegte. Wir saßen am Zaun und zündeten unzählige Bengalische die sie uns mitgebracht hatten. Dafür schmuggelten wir für sie unsere Rauchbomben ins Stadion. Hinter dem Klo im Auswärtssektor hatten wir sie versteckt. So gab es für sie keinen Stress bei den Eingangskontrollen. Kurz vor Spielbeginn holten sie die Rauchbomben raus zündeten sie und feuerten sie aufs Feld. Vier Minuten lang oranger Nebel nichts war mehr zu sehen. Auf ihrer Seite war alles eingenebelt. Auf der Nordtribüne verzog der weiße Rauch der bengalischen Feuer auch nur sehr langsam. Ein würdiger Einstand. Gut organisiert. Freunde müssen eben zusammenhalten. Innsbruck und Salzburg. Die Westfront. Aber es ging nicht lange so. Es reichte eine einzige Woche und die jahrelange Freundschaft ging in die Brüche. Es waren zwei Spiele beide in Innsbruck. Am Dienstag im Cup und am Samstag in der Meisterschaft. Beim Cupspiel begrüßten wir die Salzburger noch mit einem Riesenspruchband. Wir forderten dieses Spiel als Finale. Das Aufeinandertreffen im Cup-viertelfinale kam viel zu früh. Wacker Innsbruck gegen Austria Salzburg das wäre ein würdiges Finale gewesen. Die Salzburger waren nicht viel etwa 70. Der Spielverlauf und das Ausscheiden der Innsbrucker erhitzte die Gemüter. Einige von der Nordtribüne die nichts von der Freundschaft mit dem Salzburger Anhängerklub hielten eilten sofort nach Spielende aus dem Stadion. Eine Zeit lang verfolgten sie die Salzburger. Am Landhausplatz holten sie sich die violetten Fans. Die Innsbrucker boxten die Salzburger weg. Einfach so. Früher war das sowieso anders. Da gab es noch Auseinandersetzungen zwischen den Fans. Polizei war keine da oder nur wenig. Trotzdem gab es so gut wie nie Verletzte. Wenn einer am Boden lag gab es vielleicht noch einen Tritt. Dann war der raus aus der Schlägerei. Er war tabu. Es waren faire Kämpfe. Meist gleich große Gruppen meist nur mit Fäusten. In den 90ern auch mit Gürteln. Die Leute fuhren nach Italien schauten sich was ab. Früher war nur eins gefährlich. Leuchtrakten waren weit verbreitet. Im Stadion und außerhalb. Innerhalb von 20 Metern hast du absolut keine Chance auszuweichen. So war es dann auch einige Jahre später in der Innsbrucker Innenstadt. Vier Salzburger wurden von sieben Innsbruckern gejagt. Sie liefen die Meraner-Straße entlang am Bozner Platz vorbei. Die Innsbrucker dicht hinterher. Dann kamen sie zur Ecke Maria-Theresien-Straße. Einige Meter fehlten noch als einer der Kampftrinker der Blindi um die Ecke sauste um sich den Ersten zu schnappen. Zisch! eine grüne Leuchtrakete schoss auf ihn zu aus knapp fünf Metern. Er hatte keine Zeit zum Reagieren. Nicht mal Zeit mit der Wimper zu zucken. Die Leuchtrakete traf ihn voll an der Brust. Das Geschoß hatte solche Wucht dass er durch den Aufprall von seinen Füßen geholt und zwei Meter zurückgeschleudert wurde. Die Rakete schoss als Querschläger durch die Maria-Theresien-Straße. Die Salzburger machten sich auf und davon. Blindi war mit dem Schrecken davongekommen die anderen blieben bei ihm. Zurück zur Freundschaft. Wie es der Zufall so wollte spielten wir am Samstag nach dem Cupspiel in der Meisterschaft nochmals gegen Salzburg. Doch diesmal waren sie in Bestbesetzung angereist. Zusammen mit ihren Verbündeten den 60ern von München stellten sie 90 kampfbereite Leute. Alles Boxer. Der Salzburg-Mob hetzte nach dem Spiel alles was nach Innsbruck aussah quer durch die Stadt. Die meisten nahmen schon Reißaus als sie den kompakten Haufen der Salzburger von weitem sahen. Die 15 die beim Cupspiel noch die Mozartkugeln vernascht hatten machten sich auch über alle Berge. 20 hilflose Polizisten eilten mit zehnminütiger Verspätung den Violetten hinterher. Ich hatte bis zu diesem Zeitpunkt noch nie so einen Auftritt in der Stadt gesehen. Die Polizisten scheinbar auch nicht. Zumindest in der Meisterschaft. Im Europacup hat's das wohl schon gegeben. Die Ersten die einen bleibenden Eindruck bei uns hinterlassen hatten waren die Ultras Granata von Torino.

Tag 29

Die Choreografien sind für uns was Besonderes. Die können den Unterschied machen. Dadurch können wir uns ausdrücken. Das ist unsere Art Fußball zu leben. Meistens wird das Ganze mit einem Spruchband untermalt. Oft ist es wichtiger als die Choreografie dahinter. Ein Spruch ein Satz eine Kritik und dahinter stehen 5000 Leute. Das hat Aussagekraft und zeigt Wirkung. Doch alles bedarf der Ideen Planung Koordination. Es ist wie im Theater. Für einige Momente vor Spielbeginn sind wir die Bühne und nicht das Spielfeld. Wir inszenieren uns selbst. Ein kurzes aber feines Schauspiel. Dafür benötigen wir Requisiten wie Fahnen Zettel Futzeln. Schon Tage vor dem Spiel treffen wir uns im Stadion bereiten alles vor. Kleben malen und werkeln rum dass ja alles passt. Es gibt auch immer eine kleine Generalprobe. Wann wird was wo aufgehängt ausgeteilt. Da muss alles stimmen. Das ist harte Arbeit. Aber genau das ist uns wichtig. Sich auch unter der Woche zu treffen und für die Gruppe für die Schwarz-

Grünen alles zu geben. Den ganzen Tag Fußball 24/7. Das ist unser Leben. Wenn wir was vorhaben dann kann es regnen schneien glühend heiß oder eiskalt sein. Auch der Föhn hat uns noch nie von einem Vorhaben abgehalten. So war es vor einigen Jahren als wir uns eine Choreografie mit einer überdimensionalen Überrollfahne mit der Silhouette der Nordkette und der dahinter aufgehenden Sonne ausgedacht hatten. Der Termin war unheimlich gut gewählt. Die Überrollfahne sollte zum Frühjahrsauftakt präsentiert werden. Zwei Wochen lang fanden wir uns bei Eiseskälte in einer dunklen Garage wieder und klebten und malten mal zu dritt mal zu fünft oft bis in die frühen Morgenstunden. Wir frühstückten in der Garage wir aßen zu Mittag und zu Abend und so mancher schlief sogar dort. Doch es sind Erlebnisse wie diese die alles unvergessen machen die uns als Gruppe zusammenschweißen. Es gibt nicht viele die das alles mitmachen die überall dabei sind. Bei den wöchentlichen Treffen bei den Vorbereitungen der Choreografien Stunden vor dem Spiel im Stadion bei den miesesten Auswärtsspielen bei den internationalen Treffen mit anderen Ultras. Diese sechs sieben Leute bilden das Gerüst auf dem alles aufgebaut ist. Wir sind die führenden Köpfe und ohne uns läuft das Werkl nicht rund. Ein zwei Ausfälle sind zu verkraften. Aber wenn es mehr sind wird es schwierig. Was werden die anderen draußen jetzt wohl machen? Morgen spielen wir gegen Rapid. Ich bin sicher sie werden gerade an einer Choreografie basteln. Oder haben sie nach meiner Verurteilung etwas zurückgesteckt zu denken begonnen? Vielleicht glauben sie ich war erst der Anfang und jetzt sind sie an der Reihe. Zwei sind ja schon weg Tappo der gerade in Frankreich arbeitet und ich. Ist es das Ganze eigentlich wert? Sein Leben seine Freiheit aufs Spiel zu setzen für nichts. Nur weil man ein Sturkopf ist. Weil man niemals so sein will wie die anderen. Weil man ein Idealist ist. Weil man etwas bewegen will. Weil man anderen Leuten die Augen öffnen will. Weil man sich für seine Rechte einsetzt. War es das Ganze also wert? Haben wir eigentlich unsere Ziele der ersten Stunde erreicht? Wieso halte ich meinen Kopf für die anderen hin. Einige von unserer Gruppe hätten es für mich vielleicht nicht getan. Bei den Bullen sind schon genug schwach geworden. Da haben sie gesungen haben Sachen ausgeplaudert die sie nie hätten sagen dürfen. Haben uns sogar reingerissen und dachten doch glatt in ihrer Naivität dass sie sich dabei retten könnten. Bei den Fetzereien passierte es oft genug dass ein Teil der Gruppe weggerannt ist. Uns im Stich gelassen hat. Zu fünft zu zehnt waren wir dann übrig und nach den ersten Watschen suchten auch wir das Weite. War es das wirklich wert für Leute den Kopf hinzuhalten zu denen man kein 100-prozentiges Vertrauen haben kann?

Tag 30

Irgendwann im Leben eines jeden Fußballfans kommt ein ganz besonderer Tag. Meist erst einige Jahre nach dem Einstieg in die Stadionwelt. Meist sogar erst nach dem Kauf des ersten Abos. Meist nach dem Beitritt zu einer Gruppe. Irgendwann kommt der Zeitpunkt an dem man beschließt auswärts mitzufahren. Das hat einen ganz besonderen Reiz. Das ist ganz anders als bei einem Heimspiel. Dort ist bereits alles Routine. Du weißt wann du hinkommst wo du reingehst hast dort deine Kumpels weißt wo du stehst. Auswärts vor allem das erste Mal da weißt du gar nichts. Du kennst das Stadion den Auswärtssektor nicht hast keine Ahnung wie viele Fans deiner Mannschaft dort sind wie deine Mannschaft auswärts spielt zumindest zu meiner Zeit wo wir noch keine Fernsehdirektübertragungen in der Meisterschaft ertragen mussten wie die Stimmung wohl ist wie dich die Heimfans empfangen werden. Für mich war die erste Auswärtspartie gleich ein richtiger Hammer. Das Europacupspiel gegen AC Torino. Auch in der Meisterschaft erwischte ich bei meinem ersten Mal einen harten Brocken. 15 Jahre war ich alt rotzfrech noch nicht viel erlebt aber es musste ja gleich die Austria Wien sein. In blau-weiße Schals geworfen und ab ging's mit meinem Bruder der mit der Swarovski-Kutte mit den Fransen unterwegs war zum Stadion. Dort trafen wir noch Mortimer Charleson mit der Kapitänsmütze und den Briada von den Tyrolean Dynamites und bestiegen den Bus den der Verein angemietet hatte. 650 Schilling hat die Fahrt damals gekostet. Kein Wunder dass er mit 30 Innsbruck-Fans nicht gerade gerammelt voll war. Und von den 30 waren gerade mal die Hälfte von der Nord. Die anderen liefen unter der Kategorie Normalos. So kurvten wir vor dem Spiel mehrmals im Kreis bevor wir auf der richtigen Route nach Favoriten waren. Es war wohl auch des Busfahrers erste Fahrt mit uns Fußballfans und keiner von uns hatte eine Ahnung was uns im Horrstadion erwarten würde. So parkten wir auch äußerst geschickt zwischen Austrias Westtribüne und unserem Block auf der Längsseite. Vor dem Spiel war die Lage relativ ruhig. Dort hat wohl niemand einen Bus mit Innsbruck-Fans erwartet. Wir stiegen aus fragten uns durch bis zum Auswärtssektor der eigentlich eine Spielwiese war. Keine Eingangskontrollen keine Polizei. Man konnte ungehindert drei Stadionrunden hintereinander machen und es hat niemand gestört. So hatten wir 40 einige Innsbruck-Fans aus Wien und Umgebung waren noch zu uns gestoßen von Beginn an ein recht mulmiges Gefühl. Zu Spielbeginn machten die Austrianer auf der West ordentlich Stimmung. Es war eine kleinere Tribüne als bei uns in Innsbruck. Es waren auch extrem wenig Zuschauer im Stadion. Der Austria-Mob beeindruckte doch. Sie waren sehr laut kräftige Stimmen das ließ auf einen alten Fanblock schließen. In der Mitte der ersten Hälfte standen dann auf einmal zwei Bulldoggen bei uns. He Innsbrucka! Woid's boxen? Mach ma was aus? so der eine. Bringt's an Mob zsamm? Sag's wie vüüü und mir machen a fairs Match! schoss der andere hinterher. Uns verschlug's die Red'. Recht eingeschüchtert versuchten wir die zwei zu beruhigen. Wir wären nur zum Spiel gekommen. Was anderes würde uns nicht interessieren. Wir seien keine Hooligans. Die zwei zogen schimpfend wieder ab. Und die Stimmung bei uns sank auf den Nullpunkt. Jedem verging die Lust noch großartig Stimmung zu machen vielleicht sogar noch mit einem Wiener Schweine zu provozieren. Die hätten ja jederzeit wieder kommen können und zwar mit viel mehr Leuten. Wir standen da ganz allein auf der Wiese rum. Das Spiel plätscherte so vor sich hin. Die Austria gewann knapp und eigentlich waren wir gar nicht so traurig darüber. Stell dir vor wir hätten 2:0 gewonnen und gejubelt wie die Verrückten da wären die sicher ganz schön sauer gewesen sagte der Charleson als wir beim Ausgang waren. Wir machten uns gemeinsam auf den Weg zum Bus. Plötzlich ein Geschrei wir wussten nicht was los war. Einige von uns begannen zum Bus zu sprinten. Wir versuchten geschwind auszumachen wieso die wegrannten. Ein Blick zur Seite und alles war klar. Wir sahen nur mehr violett. Eine Horde Austrianer stürmte vom naheliegenden Parkplatz auf uns zu. Jeder versuchte nur mehr so schnell wie möglich wegzukommen. Ich konnte mich einen Moment nicht bewegen war wie versteinert. Ich sah nur mehr eine Faust auf mich zufliegen. Ich wollte noch schnell ausweichen aber sie traf mich voll auf der Schläfe. Ein heftiger Schlag doch nun war ich hellwach. Ich war blitzschnell bekannt dafür beim Wacker-Nachwuchs und kam gerade noch weg in den Bus. Nur ein Schlag heftig aber glücklicherweise ist nicht viel passiert. Ich bin sozusagen mit einem blauen Auge davongekommen. Doch die Dynamites waren nicht hier. Nur die Normalos und zwei drei andere von der Nordtribüne. Wir waren panisch vor Angst schrieen den Busfahrer an: fahr endlich los! Im gleichen Moment als der Busfahrer den Motor startete kamen auch die anderen. Schwer geschlagen. Eine kleine Gruppe rund um Mortimer war kurz stehen geblieben versuchten sich zu wehren doch sie hatten keine Chance. Eine ausgekugelte Schulter eine gebrochene Nase und viele blaue Flecken waren das Resultat. Draußen formierte sich der Mob von Neuem und er ließ uns wissen mit wem wir gerade das Vergnügen hatten: Austria Wien! Austria Wien! Austria Wien! Wir machten uns auf und davon. Totenstille im Bus. Die ganze Fahrt. Wir waren niedergeschlagen im wahrsten Sinne des Wortes. Einige Male ging es uns noch so bei den Auswärtsspielen. Egal wo wir hinkamen angegriffen wurden wir überall. Polizei war selten da. Wenn ja dann schauten sie zu und grinsten. Wir Jungen die die ersten Male dabei waren liefen weg. Doch wir lernten von den Alten. Die hielten immer die Köpfe für uns hin. Sie waren immer fuchsteufelswild auf diejenigen die wegrannten. Aber sie gaben uns eine Galgenfrist. Und irgendwann hatten wir es satt wegzurennen. Wir blieben einfach stehen stellten uns. Gemeinsam mit den Alten.

Tag 31

Doch mit der Zeit mussten wir nicht mehr stehen bleiben. Wir waren nicht mehr auf uns allein gestellt. Viele Sachen hatten sich geändert. Langsam aber sicher. Nach einigen Auswärtsfahrten kannten wir die Stadien die Bahnhöfe die Parkplätze. Immer öfter war unsere Ankunft keine Überraschung mehr. Wir wurden immer besser bewacht. Für die großen Leute schienen wir immer interessanter zu werden. Es kam immer häufiger vor dass wir vom Bahnhof abgeholt wurden. Zuerst von Straßenpolizisten dann folgten die verschiedensten Einsatzkommandos. Jetzt kommen sogar Figuren aus Computerspielen: die Ninja Turtles. Und die haben auch so viel Leben wie im Computerspiel. Die spazieren einfach durch mähen alles nieder und spüren dabei nichts außer Befriedigung. Die begleiten uns dann alle zu den Stadien. Durchsuchen uns ganz kräftig an den Eingängen. Versuchen uns alles abzunehmen. Mal die Fahnen mal das Megafon mal die 2-Stecken-Fahnen nur die bengalischen Feuer die finden sie nie. Von da an war es natürlich schwieriger für die gegnerischen Fans eine Attacke zu starten. Das lief dann nicht mehr so oft. Deshalb passierte auch weniger. Polizei kam aber immer mehr. Plötzlich standen sie auch in Innsbruck vor der Abfahrt und vor unserer Rückkehr waren sie schon wieder dort. Zählten die Fans. Warnten ihre Kollegen. Manchmal schrieben sie gleich alle auf und filmten uns. Nur so präventiv halt. Und dann ab in die Kartei. Da bist du dann und bleibst immer drin. Schlachtenbummler des FC Tirol oder wie der Verein auch immer offiziell hieß. Kontakte zu den Verrückten Köpfen oder noch schlimmer Mitglied der Verrückten Köpfe eingestuft in der Kategorie C Gewalttäter Sport. Und dabei hast du noch nicht einmal einen halbvollen Bierbecher verschüttet. Doch es wurde immer schlimmer. Irgendwann standen die Bullen nicht nur am Bahnhof sondern sie fuhren gleich mit dem Zug mit. Zuerst nur nach Salzburg dann zu allen Spielen. Von da an war nichts mehr so wie früher. Da warst du plötzlich wie ein Tier. Eingepfercht. Du wurdest nicht mehr behandelt wie ein Mensch. Die haben nämlich Rechte. Das Recht sich frei zu bewegen. Das Recht die Meinung zu äußern. Das Recht menschenwürdig behandelt zu werden. Plötzlich wurden wir in Waggons eingesperrt. Am Ende des Zuges. Keine Bewegungsfreiheit mehr kein Speisewagen rein gar nichts. Einige Male waren wir viele sehr viele. Und trotzdem wurden wir reingeschoben in unsere Waggons obwohl der restliche Zug halbleer war. Irgendwann hatten wir's durchgestanden und fuhren in Stadt X ein. Verkündeten lautstark unsere Ankunft: hurra hurra die Innsbrucker sind da! Doch erstens war es keine Überraschung mehr und zweitens konnten wir uns eh nicht so richtig darüber freuen. Eine fast doppelt so große Abordnung der Exekutive holte uns am Bahnhof ab. Und wieder war es nichts mit frei bewegen. Wir wurden sofort zum Stadion gebracht. Links und rechts wurde alles abgeriegelt. Wer aus der Reihe tanzte wurde gleich mal einkassiert. Und wenn der Homevideo-Regisseur des Einsatzkommandos die böswillige Szene nicht richtig im Bild hatte dann gab's halt eine Verwaltungsstrafe wegen Erregung öffentlichen Ärgernisses. Das geht immer durch da hast du keine Chance. Der Höhepunkt der Repression aber war noch lange nicht erreicht. Eines Tages standen zwei große Leute da. Die waren noch gar nicht als solche zu erkennen. So richtig unscheinbare Typen waren das und nicht mal eine Uniform hatten die an. Die waren ja so gekleidet wie wir und manchmal trugen die auch Schals. Doch was steckte dahinter. Eine Knarre hatten die nämlich in der Tasche und ein Polizeimarkerl auch. Wer seid denn ihr? Was wollt ihr von uns? wollten wir wissen. Aha Fanbetreuer und beschützen wollt ihr uns? Sehr nett danke. Aber geht mal wieder nach Hause. Wir haben schon Schutz genug und wenn der nicht da ist beschützen wir uns selbst. Und wenn uns das nicht gelingt kann es euch wohl egal sein. Doch sie ließen nicht locker. Was? Ihr seid jetzt bei jedem Spiel dabei egal ob auswärts oder daheim. Und wenn's Probleme gibt sollen wir zu euch kommen? He ihr zwei

Hanswürste. Jetzt langt's aber. Vielleicht waren wir nicht klar genug. Niemand will euch hier. Und außerdem haben wir eh schon zu viel mit euch gequatscht. Auf Wiedersehen. Das war zweifelsohne die falsche Schlussformel. Die kamen nämlich wirklich immer wieder und wichen gar nicht mehr von unserer Seite. Die schienen ja sehr besorgt zu sein. Die folgten uns sogar wenn wir im Bus auswärts fuhren. Wir sahen nur keine Polizei wenn wir unser Haus verließen und zum Treffpunkt fuhren. Doch dann waren sie wie Gott. Omnipräsent. Und sie konnten auch bestimmen wie Gott. Über Sein oder Nichtsein. Einer dieser zivilen Polizisten meinte einmal bei einem Auswärtsspiel er wäre unser Vater. Das war ein Understatement. Ihr seid nicht unsere Väter ihr seid viel mehr. Ihr seht alles ihr wisst alles und ihr könnt alles mit uns machen. Gott in Zivil. Und zusammen mit ihren grünen Kollegen waren sie noch mächtiger. Wir fuhren in andere Städte und sahen nichts anderes mehr als Uniformen. Da waren keine Innenstädte mehr und keine Pubs keine Schreiduelle keine Auseinandersetzungen. Von der Auswärtsfahrt hatte man immer weniger. Aber ganz stimmt das nicht denn die Strafen wurden mehr. Da hätte jeder von uns liebend gern bei einer Schlägerei ein zwei eingesteckt. Doch auf die Strafen hätten wir alle verzichten können. Und auf diese ungleiche Art der Auseinandersetzung auch. Da misst man sich doch lieber mit Gleichgesinnten. Nicht mit einem Gegner der über allem steht.

Tag 32

Ideale. Werte. Die haben wir. Das wissen die großen Leute nicht. Doch wir haben Regeln. Wer sich nicht daran hält der muss gehen. Der ist draußen. Der kann nicht mehr mit uns. Entweder er hält sich an unsere Spielregeln oder er ist weg. Ganz einfach weg. Toleranz ist eines der Schlagwörter die wir leben. Da gibt es kein schwarz oder weiß gelb oder rot vif oder dumm. Entweder bist du einer von uns oder nicht. Alles andere zählt nicht. Wir haben schwarze Spieler wir haben Polen wir haben Deutsche. Und sie sind unsere Helden. Wir verehren sie. Aus einem einfachen Grund. Sie stecken in der schwarz-grünen Dress. Nur deswegen. Es gibt nur diese zwei Varianten. Balestrini sprach es in i furiosi an. Rassismus das ist nicht das unsere: ein Neger kommt vorbei der Getränke verkauft und du nennst ihn einen dreckigen Neger und klaust ihm die Getränke das passt mir nicht weil der arbeitet gerade also wenn du so was machst dann kriegst du es mit mir zu tun. So was spricht mir aus der Seele. Das erinnert mich an damals als wir nach Wien gefahren sind. Viele waren wir nicht. Aber die Besten waren dabei. Wie sonst könnte ich die bezeichnen die der Mannschaft einfach überallhin folgen. Auf jeden Fall gut organisiert war das Ganze. Sogar die zivilen Polizisten und die Mek haben die Zeit gefunden und sind mit uns mitgefahren. Einen eigenen Waggon haben sie angehängt für uns. Wär wirklich nicht nötig gewesen für zehn Personen. Und da war ja der Daddy mit seinem Jungen der gerade mal zehn Jahre alt war. Wie hieß er noch gleich? Werner oder so. Ist ja egal. Wir saßen da so in einem der zwölf Abteile und hatten ein volles G'lachter als einer der Jungen der Dorsch anfing über seine Jugendsünden zu erzählen. Vielleicht gerade mal 17 sportlich talentiert früher der Einsergoalie im Wacker-Nachwuchs erzählt er so wie es ihm im Poli erging. Hängt der so rum während einer Stunde völlig gelangweilt als plötzlich der Direktor hereinsteigt und nach ihm fragt. Kein Problem denkt er sich. Hab ja eh nichts Schlimmes angestellt. So folgt er ihm ins Direktorenzimmer und siehe da zwei Bullen warten bereits auf ihn. Was wollen die Pisser jetzt nur? fragt er sich und stellte einen auf blöd. Drogen? Was es mit den Drogen auf sich hat? Na ja da wird er doch etwas nervös weil er ja die Schultasche voller Marihuana hat. Drogen? sagt er mit seinen großen starren Augen damit hab ich wirklich gar nichts zu tun. Doch die Bullen blieben hartnäckig. Er soll schnell seine Schulsachen holen und dann aufs Revier mitkommen. Von mir aus entgegnet er ganz frech und macht sich auf den Weg. Schnapp ich mir halt eine andere Schultasche und bind denen einen Bären auf. Als er dann reinkommt in die Klasse da wurde es mucksmäuschenstill. Der Dorsch ist zurück mit dem Direktor und zwei Bullen. Alle Schüler wichen zurück. Scheiße was machen die da denkt sich der

Dorsch. So sieht ja jeder wo mein Platz ist. Jetzt schnappt er sich einfach den nächstbesten Rucksack und will sich davonmachen. Doch die Bullen auch nicht gerade Anfänger haben das Spiel durchschaut und haben seinen Rucksack bereits erkannt. Fix stürzen sie sich drauf und der Dorsch ganz perplex ja ihm fällt nichts Besseres ein als sich mit einem Hechtsprung auf die zwei Bullen zu stürzen. Er kickt den einen mit dem Spitz in den Unterleib und checkt den anderen weg. Für einen Moment gelingt es ihm seinen Rucksack an sich zu reißen. Und schnell will er das Material wegschmeißen. Raus aus dem offenen Fenster. Doch die zwei Beamten haben sich schon erholt stürzen sich auf ihn und fixieren ihn von hinten. Der arme Dorsch: Widerstand gegen die Staatsgewalt zig Gramm im Rucksack und die ganze Schule hat die Verhaftung mitbekommen. Das verhieß nichts Gutes. Dennoch die Strafe folgte natürlich nicht gleich. Als der Dorsch einige Tage später zurückkam in die Schule da war der Respekt wohl riesengroß. Er musste nur die Richtung andeuten wo er hingehen wollte und ein weites Spalier machte sich auf. Manchmal wollte er sich nur ein Cola aus dem Automaten rausdrücken und als er gemäßigten Schrittes daherkam da waren schon alle weg die angestanden waren. Der Dorsch mit den Drogen der hat es mit zwei Bullen aufgenommen und mit ein bisschen Glück hätte er es geschafft und wäre davongekommen. Während der Dorsch so erzählte spielte der Fauli mit seinem Mini-Stereo und legte eine Afro-Scheibe nach der anderen auf. Ja auf Afro standen wir alle. Das war das Richtige für die Auswärtsfahrten: Biere was zum Hoaz'n Afro-Musik und ein paar gute oder alte G'schichterln. Neben unserem Wacker steht ganz klar die Hetz' im Vordergrund bei den Fahrten quer durchs Land. An diesem Tag also im Stadion waren wir dann so an die 60 Wacker-Fans. Wir vom Zug einige andere VK die bereits Tage zuvor nach Wien gereist waren einige Unterlandler ein paar Normalos und auch eine Handvoll der VK Zillertal. Enges Tal wenig Verstand. So war es dann als ein Austrianer direkt vor unserem Sektor aufgetaucht war und einer der Zillertaler ein: Scheiß Jugo verpiss dich sonst kümmern wir uns um dich! von sich gab. Das geht nicht der hat nichts kapiert. Ein VK gibt so einen Scheiß von sich? Da liefen wir heiß und am meisten ich. Schnell war ich oben bei ihm packte ihn und erklärte ihm was Sache war: Scheiß Jugos also? Und die Scheiß Jugos die bei uns spielen? Hast wohl dein beschränktes Hirn im Tal gelassen? Hier spielt der Wacker gegen die Austria! Da gibt's nur Scheiß Violette Scheiß Austrianer sonst nichts! Ist das klar? Wenn du das nicht kapierst dann bleibst du zu Hause das nächste Mal. Verstanden? Er kam wieder und er supportete weiter unseren Wacker. Aber einen Scheiß Jugo hat's nicht mehr gegeben. Zumindest nicht von ihm. Aber es gibt noch viele andere Idioten.

Tag 33

Die Atmosphäre im Stadion der Hexenkessel Bombenstimmung. Alles nur Schlagworte. Zu einfach um zu beschreiben was sich wirklich auf den Stehplätzen hinter den Toren in den 90 Minuten so alles abspielt. Stimmung im Stadion kann einfaches rhythmisches Klatschen sein oder eine simple Anfeuerung der eigenen Mannschaft ein Aufschrei bei einer gelungenen Angriffsaktion oder das in Innsbruck berühmte Mmmaahhhhh! nach einer vergebenen Chance. Atmosphäre im Stadion entsteht auch durch Beschimpfung des gegnerischen Vereins oder durch ein gellendes Pfeifkonzert. Doch nichts davon macht die eigentliche Faszination einer Gruppe einer Kurve aus. All das kann aus der Masse raus entstehen. Ganz schnell von einem Moment auf den anderen. Und es ist in den meisten Stadien der Welt gleich. Die Lieder mit ihren genialen Melodien die machen den wahren Glanz einer Kurve aus. Lieder dürfen nicht gleich sein. Was in Wien gesungen wird kann nicht eins zu eins in Innsbruck übernommen werden und umgekehrt. Viele Gruppen machen es sich da einfach. Doch wieso einfach machen wenn es auch anders geht? Wieso mit dem Strom schwimmen wenn die andere Richtung auch zur Wahl steht? So ein Lied zu dichten ist keine einfache Sache. Da brauchst du eine ganz besondere Liebe zum Verein sowie Kreativität Fantasie Poesie und viel viel Zeit. Die hatte ich in der Saison 1994/95. Damals war ich in Italien. Ein ganzes Schuljahr lang. Schuljahre fallen in Italien praktischerweise mit Fußballsaisons zusammen. So konnte ich in Innsbruck noch einige Spiele des neuformierten Dream-Teams anschauen. Eines davon war das unvergessliche 2:0 gegen Bebetos La Coruña. Und dennoch kam ich noch rechtzeitig zum Beginn der neuen Spielsaison nach Rom. Dort wurde ich schnell zum Lazio-Fan. So gut die Mannschaft in Meisterschaft Cup und Europacup auch spielte so beeindruckend die Kulisse des Olympiastadions war so gut die Irriducibili und all die anderen Fangruppen in der Curva Nord auch sangen meine Gedanken kreisten stets um die Tivoli-Nord in Innsbruck. Erst in Rom wurde mir das Ausmaß meiner Besessenheit für meinen Wacker so richtig bewusst. Es gab keinen Tag an dem ich nicht an den Verein meines Herzens dachte. Die Gruppe war meine Familie das Stadion mein Zuhause der Wacker mein Leben. Alles andere war in irgendeiner Form ersetzbar. Die Freundin zu Hause wich wenn auch nur kurzfristig rassigen südländischen Schönheiten. Anstatt der reschen Semmel gab es italienisches Weißbrot das frische Leitungswasser wurde vom Inhalt der grünen Ferrarelli-Flasche abgelöst. Meine Eltern und meinen Bruder tauschte ich für acht Monate mit meiner Gastfamilie bei der ich die Kinder betreute. Die Liebe zu meinem Wacker wurde von Tag zu Tag stärker. Die Sehnsucht nach dem nächsten Spiel auf der Nord war unerträglich. Oft war tagelang nichts anderes in meinem Kopf als Ideen für die nächste raffinierte Choreografie vergangene Auswärtsfahrten Highlights im Tivoli oder das Dichten von neuen Liedern. Eine Melodie hat es mir besonders angetan. Quando ero ragazzo sognavo la tuta e un pallon' sang der kleine Roma-Fan Fede auf den ich aufpassen musste vor sich hin. Es war beim Mittagessen. Und meine pasta al burro schien ihm nicht sonderlich zu schmecken. Er stocherte lustlos in den Nudeln rum und begann dieses Lied erneut zu singen. Zuerst wollte ich ihn zurechtweisen und erklären dass bei Tisch nicht gesungen wird. Doch ich verliebte mich auf Anhieb in diese Melodie. Ganz leise so dass mich die Kinder nicht hören konnten begann ich mitzusummen. Fede ist das ein Fußballlied? fragte ich ganz begeistert nach einer Weile. Aber Tomis das ist die Hymne der Roma-Fans. Die kennt doch jedes Kind. Wie Recht er hatte. Und sogleich begann der kleine Knirps mir die vier Strophen des Liedes vorzusingen. Quando ero ragazzo ... zu Deutsch: Als ich ein kleiner Bub war ... Nachmittag für Nachmittag saßen wir zusammen. Wieder und wieder sang er mir das Lied vor. Ich hätte es eigentlich bereits auswendig können müssen. Aber ich war zu sehr damit beschäftigt an der Innsbrucker Version dieses Liedes zu arbeiten als dass ich mich an den genauen Wortlaut erinnern hätte können. Gut Ding braucht eben Weile und nach mehr als zwei Wochen wurde aus der Roma-Hymne ein Wacker-Lied:

Als ich noch ein kleiner Bub war
War ich im Herzen schon Grün-Schwarz
Und so vergingen die Jahre
Doch du bleibst mein größter Schatz
Wenn ich die Kurve singen höre
Sing ich mit größter Freude mit
Denn das gibt der Mannschaft die Stärke
Und hält sie für jedes Match fit
So sind die Salzburger die Verlierer
Von der ganzen Nation
Und wir werden immer gewinnen
Hier im Tivoli-Stadion
Und auch noch in einigen Jahren
Werd' ich noch immer mit dir sein
Oh du mein Wacker Innsbruck
Wirst immer in meinem Herzen bleib'n!

Tag 34

Und da überkommt es mich wieder dieses Gefühl das einfach nur dann da ist wenn du mitten in der Kurve stehst. Der Gestank den die bunten Rauchschwaden hinterlassen liegt noch in der Luft und der Blick auf das Spielfeld wird langsam wieder frei. Der Kick-off ist längst erfolgt die ersten Angriffe der Wackerianer sind schon vorbei. Doch wir sehen von alledem nichts. Noch immer verdecken die schwarz-grünen Schals unsere Gesichter. Doch all die Bemühungen dem Rauch den Kampf anzusagen helfen nicht viel und hustend versuchen wir den ersten Schlachtruf anzustimmen. Ich habe mich schon samt Megafon auf meinem angestammten Platz hinter dem Tor der Nord postiert die Trommler sind bereit. Ganz unten wo die Wacker- VK- und die anderen Transparente hängen werden bereits eifrig die Fahnen in den geliebten Klubfarben geschwenkt. Ich versuche die Fans auf der Nord gleich richtig heiß zu machen. Geaht scho alle miassn mitsingen für insern Wacker. Mia sein die Nord und zoag ma allen dass ma a super Kurv'n sein. Ich beginne gleich mit einem Klassiker der noch aus den 80ern stammt: FC Wacker Innsbruck Die ganze Nord stimmt ein: wir werden sterben für euch und das erste Mal an diesem lauen Sommerabend läuft es mir kalt über den Rücken. Aus ganzem Herzen singe ich nun weiter: und wenn wir auferstehen. Die Kurve bebt gleich zu Beginn des Spiels. Der Nord-Roar hallt durch das Stadion: dann singen und tanzen wir zugleich. Ein Gefühl der Stärke der Unbesiegbarkeit ja sogar der Macht überkommt mich. Tausende von verschiedenen Gesichtern und Charakteren finden sich auf der Nord doch eines verbindet uns: die Liebe zu unserem Wacker. Und wenn wir gemeinsam unsere Lieder und Sprechchöre anstimmen dann wachsen wir zu einer Einheit zusammen einer undurchdringlichen Mauer die bedingungslos hinter der Mannschaft steht. Eigentlich ist das Gefühl ein Teil der Nord der aktiven und singenden Fans zu sein unbeschreiblich. Ohne dieses Gefühl kann ich aber nicht leben.

Tag 35

Die Gruppe ist so stark wie das schwächste Glied. Doch es gibt immer jemand der die Gruppe führt alles leitet einteilt Befehle gibt. Auch unbewusst einer geht vor alle ziehen mit. Einer beginnt zu singen und alle stimmen mit ein. Die großen Leute haben Angst vor den Köpfen der Gruppe der Kurve. Dem Vorstand sind sie zu kritisch der Polizei zu aufwieglerisch und die Presse will bloß Bestätigungen für ihre Märchen rund um Gewalt und Hooliganismus. Bekommen sie die nicht egal. Die Geschichte steht trotzdem. So ist man als Kopf immer in Gefahr: den Ruf zu verlieren Stadionverbot zu bekommen oder eine saftige Strafe bezahlen zu müssen. Innsbruck war eigentlich ein Paradies in den 90ern. Ein Fußballeden auf Erden. Eine einzigartige Wir-dürfen-machen-was-wir-wollen-und-alle-haben-Spaß-dran-Enklave. Zumindest für österreichische Verhältnisse. Das Zauberwort hieß Toleranz. Leben und leben lassen. Wir planten und realisierten die Choreografien. Aufgepasst haben wir immer weil wir wussten was am Spiel stand. Unsere Fußballkultur. Wir hatten unser altes Stadion die kultige Nord. Eine Fankammer mit allen Accessoires im Stadion. Diese Jahre waren die besten. Da hast du 90 Minuten keinen Ordner und keinen Bullen gehört oder gesehen. Und Securities gab es noch gar keine. Die Ordner kannten wir persönlich. Es waren wenige Zuschauer am Tivoli und ohne uns wäre da gar nichts los gewesen. So waren alle froh dass wenigstens ein paar für Stimmung sorgten. Auswärts war das dann ganz und gar nicht so. Die waren nur froh wenn wir nicht auftauchten. Aber das galt für die Schlachtenbummler aller Teams. Am besten keine Auswärtsfans. Die Polizisten hatten einen ruhigen Nachmittag wenn sie als einzige im Auswärtssektor standen. Dem Verein bringt ihr auswärts sowieso nichts so sagten uns die großen Leute. Die konnten wohl nur in Zahlen rechnen. Finanziell brachten wir dem Verein wirklich gar nichts bei einer Auswärtsfahrt. Hat gerade noch gefehlt dass sie gesagt hätten: ihr bringt nichts außer Strafen. Ja das hätte noch gefehlt. Heutzutage kann ja das Abbrennen von Sternspritzern und das übermäßig lange Heben von 2-Stechken-Fahnen zu Bundesliga-Strafen führen. Dennoch wir führenden Köpfe sind immer ganz gut durchgekommen. Wir wussten halt wann Schluss war. Die Polizei war immer heiß auf uns und wir wären immer und überall die Ersten gewesen die sie abgeführt hätten. Aber wenn's heiß wird muss man halt kühlen Kopf bewahren. Sachlich reden. Versuchen die Lage zu beruhigen. Und dann wenn sie sich verziehen aus unserem Sektor die Stimmung wieder anheizen. Eine Faustregel gibt's. Die ist wie eine Gondelfahrt auf der alten Mutterer Alm: bei Stillstand ist der Weisung des Bahnpersonals Folge zu leisten. Sagen die großen Leute: nach rechts gehen ja dann muss man halt nach rechts gehen. Heißt es: runter vom Zaun dann musst du halt runter vom Zaun. Langsam aber sicher. Die wollen ja nur die Bestätigung dass sie alles unter Kontrolle haben. Und es ist geschickter sie in diesem Glauben zu lassen. Auf jeden Fall musste man immer ruhig bleiben keinen Widerstand und immer den Weisungen Folge leisten. Wir haben den Bogen gespannt aber den Pfeil nie abgeschossen. So war das früher. Wie ein Drahtseilakt. Nur mit Netz unter den Füßen. Doch ganz ganz langsam hat sich alles geändert. Viele Gründe sind dafür verantwortlich.

Tag 36

Aus unserem Drahtseilakt wurde eine Gratwanderung in 1000 Metern Höhe. Links und rechts ging es kerzengerade runter. Bei höchster Absturzgefahr. Der Gipfel war sehr hoch fast unerreichbar. Der Grat wurde immer schmäler. Das Klima da oben rau. Mit heftigem Wind und Schneegestöber. Am Boden gab es keinen Halt mehr. Auch der Weg zurück war versperrt. Wir waren schon zu weit gegangen. Es gab kein Zurück mehr. Wir taten nichts anderes als in den Jahren zuvor. Wir haben uns nicht geändert. Doch die großen Leute schon. Sie änderten die Spielregeln und wir mussten weg. Es war also nur eine Frage der Zeit bis wir abstürzten. Denn für uns war es im Endeffekt unmöglich das Ziel zu erreichen. Früher bedeutete ein Absturz vom Drahtseil nicht viel. Da war ja immer noch das Netz. Da gab's vielleicht eine Verwaltungsstrafe wegen dem Klassiker Erregung öffentlichen Ärgernisses oder wegen der berühmt-berüchtigten Notbremse im Zug. Auch wenn sie bei der Fahrt gar keiner gezogen hat. Bei einem Spielfeldsturm gab's eine Strafe wegen Störung des Wettspiels und bei einer Rauchbombe eine Übertretung nach dem Pyrotechnikgesetz. Doch dieses Mal war kein Netz für mich da. Bis zu meiner Verhandlung war ich ein unbescholtener Bürger. Und jetzt bin ich hier. Zwei Monate lang. Ich wurde vom Grat gestoßen. Ich trotzte dem Wind und dem Wetter aber es wurde nachgeholfen. Ich hatte keine Chance. Ich passte ganz einfach nicht mehr in ihr System in diese neue Welt. Da hab ich anscheinend nichts verloren. Ich sitze nicht hier weil ich das Gesetz gebrochen habe. Ich sitz hier weil ich der Kopf war. Der stank ihnen und musste deshalb weg.

Tag 37

Seite herausgerissen (so vorgefunden)

Tag 38

Ich kann nicht mehr. Gehen diese verdammten zwei Monate denn gar nie zu Ende? Ich bin total am Ende werde verrückt hier kann's nicht mehr ertragen. Immer wieder schwirren mir alle möglichen Gedanken durch den Kopf. Doch der Fußball ist immer da. Egal an was ich denke ich assoziiere es mit Fußball. Ich will aber verdammt noch mal meine Ruhe vom Fußball haben. Fußball bestimmt mein Leben der Fußball brachte mich hierher. Jetzt schreibe ich sogar über Fußball. Das ist doch pervers. Ich brauch meine Ruhe. Zumindest für einige Zeit. Kein Fußball in meinem Kopf kein Fußball in den Gesprächen kein Fußball am Papier.

Tag 39 bis 49

Kein Eintrag

Tag 50

In mir brodelt's. Die ganze Nacht lag ich wach. War wie ein kleines Fischerboot weit draußen auf hoher See bei Wind und Wetter. Meine Gedanken drehten sich im Kreis. Rund wie der Ball. Und er wurde hin- und hergeschossen. Aber es gab kein Tor. Er schien ewig im Spiel zu bleiben. Die eine Frage war es die mich wieder und wieder fertig machte: war es das Ganze wirklich wert gewesen? Ich hielt den Kopf hin für die anderen. Eigentlich immer nicht nur dieses Mal. Es war nur eine Frage der Zeit. Eines Tages mussten sie mich für alles verantwortlich machen. Ich bin ja einer der Köpfe und ohne mich geht ja wirklich wenig. Wieso hab ich mir selbst all das angetan? Die ganze Zeit gegen den Strom zu schwimmen. Ich hätte es mir so einfach machen können. Gar nicht hinzugehen. Ein anderes Hobby suchen. Was soll das eigentlich sein Fußballfan? Na ja so einfach wäre es doch nicht gewesen. Irgendwas mit Fußball hätte es schon sein müssen. Ich hab ja selbst immer gespielt. Da kommst du zwangsläufig irgendwann mal zum Zuschauen. Und dann ist das wie eine Droge. Du brauchst den Fußball die Stimmung die Kurve die Gruppe. Ohne das bist du nichts mehr. Die Nord ist dein Wohnzimmer die VK deine Familie. Aber ich hätte es mir trotzdem leichter machen können. Wieso bin ich nicht einfach zu den Spielen gekommen wie alle anderen auch. Wieso hätte ich mir nicht einfach ein Nord-Abo kaufen vorm Spiel ein Bierchen trinken mit den Freunden quatschen mich aufs Spiel freuen und dann ein bisschen singen können wenn's losgeht. Wär ja viel kommoder gewesen. Keine Sorgen vor dem Spiel ob die Choreo passt oder nicht. Kein Stress mit den großen Leuten. Keine Nervosität vorm Vorsingen. Nein ich wollte es ja so. Ich selbst wollte ja anders sein. Alles verändern. Sachen in Innsbruck machen die einfach nicht nach Innsbruck passen. Ich war zwar nicht allein mit dieser Einstellung doch die sechs oder sieben waren dann doch zu wenig um alles zu verändern. Wir hätten schon viel früher einsehen sollen dass wir nicht in Napoli oder Marseille sind dass wir bei uns all das nicht verwirklichen können. Wir wären ja trotzdem Fans des Vereins geblieben wir hätten die Mannschaft ja trotzdem unterstützt auf eine andere Weise halt. Und die Probleme die hätten wir wohl alle selbst vermeiden können.

Tag 51

Wir leben in einer sogenannten zivilisierten modernen Welt. Alles ist perfekt aalglatt und kratzt gerade mal an der Oberfläche wenn überhaupt. Gleichgeschaltete zum willenlosen Konsum verführte Herdentiere sollen wir sein. Nicht mitdenken sondern gefügiges Nachmachen ist die Devise. Meinungsbildung erfolgt durch Revolverblätter und Privatfernsehen. Bildung ist out. Das nennt man also Zivilisation? Und die großen Leute amüsieren sich köstlich dabei. Sie lassen ihr Programm ablaufen mit der Fernbedienung in Händen und schlürfen Schampus. Die breite Masse läuft auf dem Hauptkanal. Wir sind der Piratensender den kann man nicht umschalten nur ausschalten. Mit dem roten Knopf. Wir wollen nicht so sein wie die großen Leute deshalb müssen wir weg.

Und schon werden die Medien eingeschaltet auf einem anderen Kanal. Dort wird schwarz-weiß gemalt wie im alten Clint-Eastwood-Western. Da gibt es nur Gut und Böse. Unsere Rolle ist klar. Oder? Unsere Gruppe ist ein Sicherheitsproblem für die gesamte Bevölkerung und das ganze Land. Deshalb müssen wir weg. Wer hat denn jemals gefragt warum? Weil wir zu gewalttätig sind? Nein. Weil wir unkontrollierbar sind? Ach wo. Weil wir eine politische Revolution starten wollen? Weit gefehlt. Weil wir alle Asoziale sind und im Leben nicht zurechtfinden? Alles Blödsinn. Wir leben unsere eigene Welt. Wir haben unsere eigenen Regeln. Wir sind nicht dem Massenkonsum verfallen wie die anderen. Trotzdem laufen wir nicht halbnackt wie Tarzan durch Innsbruck. Wir haben unsere eigene Mode machen unsere eigene Kohle unsere eigenen Geschäfte. Von uns kriegen die großen Leute nichts. Das macht ihnen Angst. Noch dazu könnten wir ja die perfekt inszenierten und auf die Sekunde geplanten Fernsehübertragungen stören mit unseren kritischen Spruchbändern und unserem schwarz-grünen Rauch.

Tag 52

Eeengerland! Eeengerland! Eeengerland! mit diesem Schlachtruf hat es schon etwas ganz Besonderes auf sich. Es gibt nicht viele andere Länder auf dieser Welt wo die Nähe die Identifikation der Fanatismus zur Nationalmannschaft so groß ist wie auf der Insel. Ich hatte bei der Euro '96 die Gelegenheit die Verbundenheit einer ganzen Nation zu ihrer Elf erleben zu dürfen. Ich verbrachte einige Monate in London und studierte dort. In den letzten Tagen vor Beginn der Euro '96 waren alle plötzlich wie verwandelt. Egal ob Opa oder Kind ob Cockney oder Paki ob Generalmanager oder Arbeitsloser. Jeder war im Bann Englands. Und jeder glaubte an das schier Unmögliche. 30 Jahre nach dem einzigen Titel Englands endlich wieder ein großes Turnier zu gewinnen. Das war das erklärte Ziel. Nach den ersten Erfolgen gab es sowieso kein Halten mehr. Da war jeder mit den Gedanken woanders. Die Einzigen die noch voll bei der Arbeit waren waren die Kellner in den Pubs. Die waren gerammelt voll weil man alle Spiele live auf den big screens verfolgen konnte. England gewann seine Gruppe und kämpfte sich auch in der ersten K.o.-Runde weiter. Im Halbfinale kam es dann zu dem Spiel der Spiele für England. Die Deutschen warteten. The Sun und The Mirror Englands Schundblätter machten mobil. No surrender hieß es da. Alle gegen die krauts. Kauft keine Mercedes mehr und keine deutschen Biere. Wir haben's schon einmal getan und zwar im Krieg und wir werden's wieder tun. Ein Sieg musste her. Unbedingt und mit allen Mitteln. Die Medien heizten wie wild die Stimmung an. Sie sprachen von Krieg zeigten England-Spieler mit Stahlhelmen spielten dann aber den Moralapostel als es zu Ausschreitungen gekommen war. Das hat mit Fußball nichts zu tun! hieß es dann. Und wie steht's mit deren Berichterstattung?

Tag 53 bis 55

Kein Eintrag

Tag 56

Damals als wir noch ganz jung waren und am Anfang standen hatten wir dieses ganz spezielle Gefühl. Wir wuchsen erst zu einer Gruppe zusammen wurden zu einer Einheit. Es ging ziemlich rasch weil wir alle dran arbeiteten. Nicht nur am Spieltag in den Stadien Österreichs sondern auch unter der Woche. Stunden nein tagelang saßen wir beim Tappo daheim und malten uns die wildesten Ideen für Gesänge Auswärtsfahrten und Choreografien aus. Am meisten Zeit zum Schmieden von Plänen hatten wir in der Sommerpause. Wir klebten fast den ganzen Tag beisammen und konnten nicht genug kriegen vom Fußball. Die Vorfreude auf das erste Spiel wuchs und wuchs und wir setzten uns in den Kopf stimmungs- und choreografiemäßig alles niederzureißen. Die Zeichen standen rund um den Wacker sowieso auf Sturm denn Johann K. und seine glorreichen Sieben wurden an den grünen Inn geholt. Ich seh noch ganz genau vor mir wie unsere Augen glänzten und wir uns freuten wie kleine Kinder als wir die Kisten von Italien mit den 5000 Fähnchen in Vereinsfarben bekamen. Morgen wird die ganze Nord wie verwandelt sein: ein bewegtes Meer in unseren Farben. Doch dann der Schock! Die Stangen waren in der einen Kiste und die Fähnchen in der anderen. Es war schon abends. Eine Katastrophe! 5000 Fahnen bis zum nächsten Spieltag an die Stangen befestigen und kleben. Doch wir hatten keine Zweifel und machten uns sofort an die Arbeit. 13 Mann und Frau beim Tappo zu Hause. Schnell noch ein paar Getränke und was zum Knabbern eingekauft und schon waren wir in unserem Element. Ninjo Raida Armin Mitta der Bruder von Tappo Becki Juni Dusl und und und. Alle waren da und zogen die Sache durch. Die ganze Nacht lang. Das Beste dabei war irgendwann haben wir aufgehört uns Sorgen zu machen. Wir haben Musik gehört geplaudert gesoffen. Alles neben der Arbeit. Und irgendwann waren wir dann fertig. Wir packten das ganze Zeug warfen es in die Autos und wir fuhren fahnenschwingend durch die Stadt zum Stadion. Beim Einlauf der Mannschaften wogte ein farbenfrohes Fahnenmeer durch die Nord. Bienvenido Goleador stand in Riesenlettern geschrieben. Unser Traum wurde wahr. Wir hatten's gerade noch geschafft. Gemeinsam!

Tag 57

Wieso führt ihr euch immer so auf? fragen viele. Was war denn da schon wieder los? wollen die anderen wissen. Euer Verhalten schadet dem Fußball so urteilen einige die noch nie im Stadion waren und auch den Fußball nicht verstehen. Unser Verhalten IST Fußball. Wir machen nichts anderes als die Spieler im übertragenen Sinn. Übertragen auf die Tribüne. Die zwei Mannschaften kommen zum Aufwärmen aufs Feld wir singen uns auf den Tribünen warm. Vor dem Anstoß nehmen die Teams Aufstellung am Feld. So wie sie der Trainer vorgegeben hat. Das passiert auch auf den Tribünen. Bei jedem Spiel nimmt jeder von uns seine Position ein. Der Vorsänger mit dem Megafon besteigt die Brüstung die Trommler positionieren sich genau vor ihm der harte Kern der Gruppe steht zusammen und verbreitet die Stimmung die vom Vorsänger ausgeht. Transparente und Fahnen schmücken unsere Kurve. Dasselbe passiert im Gästesektor. Nur die Farben sind anders. Das Ziel des Spiels ist martialisch: den Gegner zu besiegen mit allen erlaubten und unerlaubten Mitteln. Es darf schon mal provoziert gespuckt geohrfeigt werden nur erwischen lassen darf man sich nicht sonst wird man ausgeschlossen. Fußball ist eine Schlacht auch wenn sie nur symbolischer Natur ist. Auch die zwei Fantribünen liefern sich eine Schlacht ebenfalls symbolisch. Wer hat mehr Fans wer singt lauter wer lässt es besser krachen wer singt auch bei Rückstand welcher Vorsänger welche Gruppe hat seine Kurve besser im Griff wer ist witziger und ironischer wer gewinnt das heutige Fanduell? Das sind die Fragen die uns beschäftigen. Wir spielen unser eigenes Spiel ein Spiel im Spiel sozusagen. Auch bei uns gibt es Sieger und Verlierer. Wir messen uns im Stadion auf einer Distanz von 100 Metern und wir sind fair können schon mal eine Niederlage eingestehen. Manchmal aber ist das Duell auf den Tribünen ziemlich ausgeglichen und jeder sieht sich als Sieger aber eigentlich hat man sich die Punkte geteilt ein Unentschieden erreicht. So fair läuft's aber nicht immer ab weder am Spielfeld noch auf den Rängen. Es kommt immer wieder zu sehr heiklen Szenen die in der Natur des Spiels liegen. Der gegnerische Stürmer rennt allein aufs Tor in Richtung Nordtribüne. Der Tormann kommt viel zu schnell raus der Stürmer erreicht gerade noch den Ball spitzelt ihn aber zig Meter weg und würde ihn nie mehr kriegen der Tormann versucht dem Ball nachzuhechten der Stürmer nützt die Situation geschickt aus und setzt zu einer Schwalbe an. Der Schiedsrichter fällt darauf rein. Ein Pfiff. Elfmeter und die rote Karte für den Tormann. Aber es war nie und nimmer Elfmeter! Jeder auf der Tribüne hat es gesehen. Das darf nicht wahr sein. Was soll das? Schwarze Hur! Schwarze Hur! hallt es von der Nord die Wacker-Spieler gehen dem Schiri kollektiv an den Kragen drängen ihn Richtung Fünfereck können sich kaum halten so wie die Fans. Feuerzeuge und Bierbecher werden Richtung Schiri geworfen. Der Verein erhält Wochen später eine Strafe wegen mangelnder Sicherheitsvorkehrungen und die lokalen Medien berichten über die schwarzen Schafe auf der Nord: einige wenige unverbesserliche Chaoten gefährdeten das Spiel. Die Journalisten meinen wieder den Moralapostel spielen zu müssen. Spieler und Fans des Wacker haben in dieser Situation gleich reagiert. Alle wollten den Schiedsrichter auf unerlaubte Weise darauf aufmerksam machen dass der Elferpfiff eine Fehlentscheidung war. Durch eine gewisse unvorhersehbare und unkorrekte Aktion während des Spiels laufen Spieler Trainer Fans also alle Beteiligten im Stadion heiß. Egal ob Brutalo-Foul Ellbogencheck Fehlpfiff Schwalbe oder ungerechtfertigte rote Karte in allen Fußballstadien der Welt wird sich nach so einer Aktion das Gleiche abspielen die Volksseele kocht und nicht nur die. Hinter diesem Verhalten steckt die Emotion mit der Spieler Trainer und Fans am Geschehen beteiligt sind. Hinter der Emotion die Identifikation mit dem Verein. Drehen wir das Szenario um: Wacker spielt gegen Salzburg. 90. Spielminute der vorhin geschilderte Fall tritt beim Stand von 0:0 ein. Schwalbe Elferpfiff rote Karte Tor. Kein Klagen der Spieler keine Pfiffe der Fans keine Bierbecherwürfe sondern völlige Gleichgültigkeit. Keine negativen Schlagzeilen in den Medien die Niederlage wird von allen akzeptiert nach dem Spiel wird brav geklatscht auch für die Salzburger. Unvorstellbar! Der Fußball braucht Spielertypen die mit Herz bei der Sache sind die manchmal überreagieren er braucht auch heißblütige Fans die alles für den Verein geben würden. Ja im Endeffekt braucht er sogar die negativen Schlagzeilen die Moralapostel und diejenigen die über uns urteilen ohne jemals dabei gewesen zu sein. Nur dieses Zusammenspiel aller Beteiligten macht Fußball zu dem was es ist: etwas Besonderes!

Tag 58

Wie schön wär unsere Welt wenn wir bedingungslos zusammenhalten würden? Wie schön wär unsere Welt wenn wir den großen Leuten ein Bein stellen könnten? Nicht immer nur ab und zu. Wie schön wär unsere Welt wenn nur wir auf unserer Tribüne wären? Wie schön wär unsere Fußballwelt wenn wir in einer heilen Welt leben würden? Wie schön wär unsere Welt wenn wir das Sagen hätten? Wie schön wär unsere Welt wenn ich diese Zeilen nicht schreiben müsste? Wie schön wär unsere Welt wenn wir das tun könnten was wir wollten? Wie schön wär unsere Welt wenn auch die großen Leute das Wesentliche sehen könnten? Das was für die Augen unsichtbar ist. Manchmal träume ich. Dann bin ich weit.weit weg. In einer anderen Welt. In einer besseren Welt. Einer Welt in der Träumen erlaubt ist. In einer Welt in der Träume Teil der Wirklichkeit sind. In einer Welt in der nicht nur Kinder Träume haben dürfen. Dort gibt es keinen Krieg keinen Neid keine Intoleranz keinen Egoismus. Nein alle Menschen teilen dort. Sie teilen sogar ihre Träume. In dieser Welt sind alle glücklich jeder wird so akzeptiert wie er ist und kann sich so frei entfalten. Jeder kümmert sich um den anderen aber niemandem ist es erlaubt über den anderen zu richten. Doch meine Träume sind kurz. Das Land meiner Träume scheint Lichtjahre weit weg und entfernt sich immer weiter von uns. Aber ich werde nicht aufhören zu träumen. Irgendwann werden Träume wahr. Auch wenn es in einer anderen Welt ist.

Tag 59

Schon seit einigen Tagen schwirren mir immer wieder die verschiedensten Figuren durch den Kopf. Jeder steht für sich allein aber nur alle zusammen formen die Einheit die die Nordtribüne darstellt. Jeder Einzelne hat seinen markanten Charakterzug der ihn kennzeichnet. Und wenn ich an all die Jahre denke es hat sich nichts geändert. Jeder einzelne von uns kommt ins Stadion und hat seine Rolle inne. Manche dabei sind begabt manche weniger. Es ist wie ein erfolgreiches Stück auf der Bühne. Ein Stück das immer wieder und wieder aufgeführt wird. Im Grunde läuft immer alles nach dem gleichen Muster ab. Bei Heimspielen sind es immer die 90 Minuten die wir zusammen auf der Bühne stehen. Auswärts ist's ein Drama. Ein Drama in 4 Akten.

Akt 1: Die Ausgangsposition oder die Exposition

Alle Charaktere kommen zusammen. Ein Treffen im Morgengrauen gezeichnet von der vorigen Nacht. Ein kurzes Begrüßen eine kurze Situationsaufnahme. Was haben wir alles mit? Fahnen Transparente Biere. Wer ist gekommen wer fehlt?

Akt 2: Die Komplikation

Der Bus ist voll die Stimmung gut. Es wird Gas gegeben. Die ganze Fahrt lang. Die Situation spitzt sich zu. Man wird nervös die Lage angespannter. Wir pushen uns gegenseitig und wir sind bereit.

Akt 3: Der Höhepunkt oder der Klimax

Das Spiel am Feld das Spektakel auf den Tribünen im Auswärtssektor geht es rund singen springen Fahnen schwingen für uns geht es jetzt um alles.

Akt 4: Die Auflösung

Die Heimfahrt noch ein bisschen trinken quatschen schlafen. Dann sind wir zu Hause. Das war's für dieses Mal. Es gelingt uns sogar beinahe die drei Einheiten der Zeit des Ortes und der Handlung einzuhalten. Innerhalb eines Tages haben wir es immer noch geschafft wieder zurückzukommen der Plot bzw. Handlungsstrang verläuft linear. Es gibt nur einige Rückblenden so genannte flash backs im zweiten Akt wenn die alten Geschichten die Runde gehen und Radio 2001 ertönt. Nur mit der Einheit des Ortes hapert's ein bisschen. Zumindest ist das Ziel auch der Ausgangspunkt das Ende am Anfang. So ähnlich wie vor dem Spiel ist es nach dem Spiel. Die Ausgangssituation wird insofern verändert weil wir allesamt nach so einem Tag um eine Erfahrung reicher sind. Doch die inhaltlichen Elemente bleiben erhalten. Es geht um Fußball und Stimmung um Freundschaft und Zusammenhalt um Alkohol und die Hoaz. Da kann passieren was will daran wird sich nichts ändern. Dieses Stück ist mehr als nur erfolgreich. Trotz seiner Typen als Protagonisten seiner flachen Charaktere. Oder gerade deshalb. Die Charaktere entwickeln sich nämlich nicht ein bisschen weiter in all den Jahren. Sie bleiben immer dieselben. Und das ist gut so. Unser Stück ist nicht wie Cats das jahrelang aufgeführt wird. Unser Stück ist ein Lebenswerk. Woche für Woche Samstag für Samstag immer wieder und immer wieder inszenieren wir uns selbst. Eine Art Stegreifspiel doch allen Konventionen entsprechend. Und da seh ich sie direkt vor mir die Typen und muss schmunzeln. Als Erster ist da der Beppo mit seinem langen Haar. Radio 2001 und Luftgitarrenspezialist. Ein Gasgeber ein Kampftrinker. Schlaffetischist. Findet überall Zeit und Platz für ein Nickerchen. Sogar am Spielfeld bei Otto K. im Tor. Und da ist auch Droogie der rastalockige Vorsänger. Immer spät immer ein Bierchen im Rucksack egal ob im Pub oder in Wien beim Auswärtsspiel. Aber stets bereit die Stimmung anzuheizen. Einzigartig seine Gesten seine Sprüche. Und auch den Funny seh ich. Ganz ein wirrer Typ. Rasta und Hemd Genie und Wahnsinn eng beisammen. Immer ein Bier in seiner Hand diskutiert mit Gott und der Welt. Hat gute Ideen. Zumeist scheitern sie aber weil die Mittel um sie umzusetzen noch nicht erfunden sind. Der Grexi wiederum ist ein ganz ein Ruhiger. Aber so kennt ihn keiner am Fußballplatz das ist nicht seine Rolle. Das ist sein Leben. Am Fußballplatz Busenfreund vom Beppo und begnadeter Geschichtenerzähler. Dieselbe Geschichte hören wir bereits zum zehnten Mal und es kommt uns dennoch vor als hätten wir sie noch nie gehört. Immer beim Gasgeben bis zum Umfallen. Der kleine Tappo dagegen wird gleich nervös und verliert seinen Kopf. Vielleicht auch deshalb weil er unser Lieblingsobjekt ist der Kopf. Ein kleiner Tatscher auf seinen Schädel hat noch niemand geschadet von uns zumindest. Ihm vielleicht schon. Aber ein tadelloser Bursch eigentlich aber ein Mädchen. Mädchen für alles. Vom Material einkaufen zum Nähen Malen Vorsingen und Kassa führen. Zuletzt machte er auch die Interviews. Na hoffentlich fragt da ein Reporter mal nicht genauer nach. Da könnte er wieder schnell zu nerveln beginnen. So könnte ich jeden einzelnen unserer Protagonisten aufzählen. Die ganze Gruppe rauf und runter alle durch. Und dann wenn ich diese Zeilen in zehn Jahren durchlese wünsche ich mir dass sich nichts geändert hat. Ich hoffe alle werden noch immer dieselben sein. Alle werden noch immer dort sein wo sie als Erstes in ihre Rollen geschlüpft sind wo sie groß geworden sind: auf der Nordtribüne. Alles soll bleiben wie es ist. Das wäre das Schönste. Sollte es wirklich so sein dann hätten wir gewonnen.

Tag 60

All die Jahre am Tivoli. Zuerst im alten dann im neuen. Ob bei Schnee Regen oder Föhn. Egal wie weit der Weg egal wie aussichtslos die Lage. Wir waren mit von der Partie. Die unzähligen Aufeinandertreffen mit unseren Rivalen aus Wien und aus Salzburg. All die Stunden die wir bei widrigsten Bedingungen ausgeharrt haben um unsere Choreografien auf die Beine zu stellen. Wir sind in Garagen am Boden rumgekrochen haben bei Windstärke zehn Papier zusammengepickt all unser Taschengeld investiert. Wir haben wirklich weder Kosten noch Mühen gescheut. Nein nicht mal unsere Stimmen haben wir geschont. Bei wie vielen Spielen haben wir trotz aussichtsloser Lage aus ganzem Herzen weitergesungen. Für unseren Verein für uns. Am härtesten waren aber die Knüppel die uns die großen Leute zwischen die Beine geworfen haben. Doch wir haben stets unsere Krallen gezeigt um uns durchzusetzen. Kein Gegner war zu groß kein Gegner war zu mächtig. Weder Polizei noch Bundesliga noch all unsere Vorstände Wirtschaft oder Politik. Auch wenn wir einige Male über die Stränge geschlagen haben ist eines gewiss: alles was wir gemacht haben war aufrichtig und ehrlich. Wir kämpften und kämpfen für eine Sache an die wir glauben.

Tag 61

Zwei Monate ist's nun her als die großen Leute über mich richteten. Zwei verdammte Monate 61 Tage. Den großen Leuten kann man es erklären wie man will. Doch sie verstehen nie. Ein Exempel wollten sie statuieren. Den Rest der Nord wollten sie davon abhalten das zu tun was ich getan hatte. Nichts! Doch nicht mal das werden sie schaffen. Das Uhrwerk dreht sich weiter. Es wird nie stehen bleiben. Ich war weg und alles ging weiter. Morgen bin ich draußen.

Draußen vor der Tür. Und ich werde zurückkommen ins Stadion. Ich war lange weg. Sehr lange. Mit Sicherheit nicht zu lange. Und ich komme ganz anders zurück als ich wegging. Doch ich kehre nicht als gebrochenes suizidgefährdetes Wrack zurück. Ich bin nicht Beckmann. Vielmehr sein Counterpart. Meine verrückte Leidenschaft Fußball zu leben kostete mich die Freiheit. Und genau diese Leidenschaft ließ mich die letzten 61 Tage hier ertragen. 61 Tage die mich darin bestärkten dort weiterzukämpfen wo ich vor meiner Verurteilung aufgehört hatte. Am Samstag werde ich mein Zuhause das Tivoli wieder betreten. Und meine Familie wird dort sein und mich feiern. Ich werde voller Stolz das Megafon hoch halten und die ersten Sprechchöre anstimmen. Noch lauter noch fanatischer. Die großen Leute werden mich noch weniger verstehen. Sie werden mich von Neuem schikanieren. Dabei bemerken sie gar nicht dass gerade sie es sind die mich erst so richtig stark machen. Meine Liebe zum Wacker kennt keine Grenzen. Egal was passiert ich werde immer wieder zurückkehren. FC Wacker Innsbruck ist mein Leben. Schwarz-Grün bis in den Tod.